# KALINA

# TEATRO
## BAJO MI PIEL
# THEATRE
## UNDER MY SKIN

*Nº* 1

POESÍA SALVADOREÑA CONTEMPORÁNEA
CONTEMPORARY SALVADORAN POETRY

EDITORIAL KALINA
Boulevard del Hipódromo. No. 521
Colonia San Benito. San Salvador. El Salvador
Centroamérica

PRIMERA EDICIÓN / *First Edition:* Feb. 2014

Diseño Gráfico y Producción / *Graphic Design & Production*
ADRIANNA LYTTON ALVAREZ / ALA STUDIO, INC.

861.4
K14k     Kalina: teatro sobre mi piel. poesía salvadoreña
2014     contemporánea = Kalina: Theatre Under My Skin.
         contemporary salvadoran poetry / editores
         Alexandra Lytton Regalado. Tania Pleitez Vela.
         Lucía de Sola: traductores Alexandra Lytton Regalado.
         María Tenorio: ilustrador Walterio Iraheta. - -la. ed.
         - -San Salvador. El Salv. : Editorial Kalina. 2014.
         300 p. ; ilustrado : 30 cm.

         Nota: Texto Español e Inglés.
         ISBN: 9-789992-387672

         1. Poesía Salvadoreña. 2. Literatura Salvadoreña.

         PRINTED IN THE UNITED STATES OF AMERICA

*Imágen de la portada / Cover image*
DE LA SERIE "DIBUJAR COMO PRETEXTO"
Walterio Iraheta. (Portada).
Basado en una fotografía de Jock Sturges.
*Grafito sobre acetato de archivo.*

# KALINA

# TEATRO
## BAJO MI PIEL
# THEATRE
## UNDER MY SKIN

Coordinadora Editorial / *Editorial Coordinator*
**TANIA PLEITEZ VELA**

Comité Editorial / *Editorial Committee*
**ALEXANDRA LYTTON REGALADO**
**TANIA PLEITEZ VELA**
**LUCÍA DE SOLA**

"*This anthology* ROCKS AND HUMS WITH THE MUSIC *of El Salvador's current poetic voices, the children of Salarrué and Roque Dalton.* I'M DRAWN TO THEIR MEDITATIONS ON IDENTITY, *to their streets and their foliage,* THEIR IMAGES AND THEMES: *love, food, landscape, home —* AND THE DARKER ONES: *hunger, loss, death, war.* FROM COVER TO COVER THESE POEMS COME AT YOU, *vivid and various and genuine.*"

JOSEPH MILLAR

Este libro es la prueba de que la literatura salvadoreña se despliega en una nueva geografía, más ancha y diversa. Hemos comenzado a ser un país, no de una lengua escindida, sino de dos lenguas. Ese acontecimiento, extraño y entrañable en nuestra cultura, PROMETE DARLE MOVIMIENTO Y ALMA A UNA POESÍA ESTANCADA. Estos poemas son obras que se abren, o parecen hacerlo, hacia el futuro.

MIGUEL HUEZO MIXCO

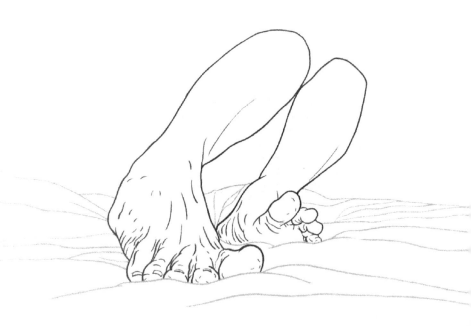

*The editors at Kalina have produced an anthology beyond anthologies.* Theatre Under My Skin *collects the writing of three generations of Salvadoran poets affected by war and emigration. The essays will instruct you, and the poetry will confirm in you that true poetry transcends national boundaries and aesthetics. Because of the waves of emigration, Salvadoran writing is now worldwide.* Theatre Under My Skin *is an enormous achievement and a considerable contribution to World Poetry.*

MARVIN BELL

# ÍNDICE
## Contents

"FOBIÁPOLIS"

*"Phobiapolis"*

*Ilustración página anterior / Illustration, previous page*
"SIN TÍTULO"
Luis Cornejo. *Acrílico sobre papel.*

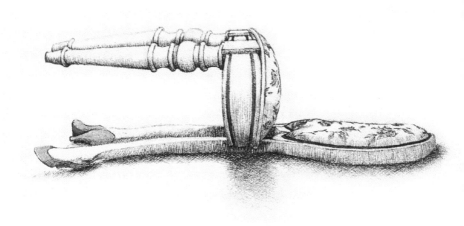

"RELACIONES ÍNTIMAS"
Jaime Izaguirre. *Grafito y lápiz de color sobre papel.*

# PREFACIO
---
## *Preface*

FRANCISCO ARAGÓN

# TEATRO

## *Bajo Mi Piel*

*"Un fósforo se enciende
y brillan las heridas"*

{ OTONIEL GUEVARA }

La conocí como "doña Mélida". Vivía a la vuelta de nuestra casa, en la calle 23. Durante años mi madre contaba una anécdota divertida que tuvo lugar en la cocina de su amiga, donde habitualmente transcurrían sus visitas: ella y Mélida están sentadas, bebiendo cafecito y chismeando, mordisqueando pan dulce, cuando un roedor regordete aparece, tímido, atrás del refrigerador, y luego avanza contoneándose por el piso de linóleo al lado de sus sillas –"¡como si estuviera en su propia casa!", exclama, aguantando la risa, mi madre–. Quizás esa era una fábula que ella ofrecía –¿una fábula sobre *sentirse como en casa*? Esto debe haber ocurrido en los setentas en el distrito de la Misión de San Francisco, uno de los destinos de la diáspora centroamericana.

En mis tiempos de estudiante de bachillerato me devoré *Volcán* (City Lights Books, 1983), una antología de poetas de El Salvador de donde era originaria doña Mélida, de la Nicaragua de mi madre, así como de Guatemala, Honduras. Un libro bilingüe coeditado por el escritor Alejandro Murguía, fundador en aquellos años de la brigada cultural Roque Dalton. En doña Mélida, en *Volcán*, en mi madre, en las palabras que yo hablaba y escuchaba en la Mission cuando era niño, pensé mientras leía el manuscrito que se ha convertido en el libro que ustedes tienen en sus manos.

La primera sección presenta a nueve poetas residentes en El Salvador. Abre con tres poemas de René Rodas (n. 1962). Esta selección mueve a reflexionar por un momento. "Señas de identidad" está dedicado a Horacio Castellanos Moya, a quien tuve el gusto de conocer mientras fue residente del programa Ciudad Asilo en Pittsburgh hace algunos años. Castellanos Moya es un destacado escritor que ha vivido años en el exilio, con la amenaza de ser perseguido por practicar su arte. Lo que significa que cualquier discusión sobre literatura salvadoreña no puede, en mi opinión, obviar los conflictos de la historia reciente del país ni de los movimientos migratorios resultantes. La primera frase de esta antología es: "¿Sabés por qué me vine a Canadá?".

La respuesta a esa pregunta, desarrollada en el primer texto de Rodas, es representativa de lo que diferencia los poemas de esta sección de los que recuerdo haber leído en *Volcán*. Mientras en el libro de City Lights la violencia era representada de manera directa, incluso desgarradora, en la primera sección de la edición de *Kalina* el malestar se insinúa de forma más sutil. El retrato desplegado en "Señas de identidad" no es particularmente amable; da la palabra a un hablante cuyo propósito parece que es comprar una camioneta. En otras palabras, el retrato es complejo y rico: humano.

El segundo texto de Rodas, "Hija de demiurgo", se lee como una breve historia del mundo donde la migración domina su conclusión:

> Enseguida llegaron los inmigrantes con falafeles, calendarios zoológicos, la luna creciente y promisoria de sus hijas, muertos y lenguas errantes, sopas won ton, canciones, estafadores, carne ahumada, nostalgia y pupusas.

El último término es una atenta reverencia a un platillo típico salvadoreño.

La tercera contribución de Rodas, "El camino", un poema de seis partes, comienza así: "He visto la noche cuando, cansada de huir, recoge en un puño su exasperada cabellera indómita". En el margen del manuscrito que leí para preparar estas palabras, anoté: "Un admirable rango de estilos y registros; de coloquial a visionario a casi surreal".

En la variada producción de los otros ocho poetas de la primera sección, el matiz suele ser la norma, excepto cuando no lo es: Elena Salamanca (n. 1982), en "Sobre el mito de Santa Tecla", abre así:

> Un hombre pedirá mi mano
> y me la cortaré.
> Nacerá otra
> y volveré a cortarla.

Sobre sus manos persistentes, la hablante, reimaginando el mito, agrega:

> No ordeñarán las cabras,
> no irán por vino al pueblo,
> jamás zurcirán sus calzoncillos
> y nunca,
> mucho menos,
> acariciarán sus testículos.

Miroslava Rosales (n. 1985) está representada por un trío de textos que tienen lugar en una ajetreada San Salvador. Aquí algunas líneas a manera de ejemplo:

> "no me conozco en este chillido de murciélagos"
> ("pájaro de carbón en lata")

> "Esta ciudad es tan pequeña como la mano que
> escribe este poema" ("Esta ciudad es tan pequeña")

> "en la voz de Robert Johnson y los aullidos eléctricos
> de Ginsberg"
> (*"allegro vivace"*)

Los poemas de la primera parte, arraigados en El Salvador moderno, evocan la mirada colectiva más allá de las fronteras, inspirados no solo en historias de migraciones, sino también en una gama de expresiones artísticas, de diversos géneros y tradiciones.

El título de este prefacio "Teatro/bajo mi piel" está copiado del poema de la segunda sección titulado "El síndrome de la posguerra", de Mario Escobar (n. 1978), a quien tuve el gusto de conocer en una tertulia literaria en una casa particular, en Washington D. C., hace un par de años. De inmediato me siento arrastrado por el tropo conceptual del "teatro" (que me recuerda el arte de narrar, el espectáculo, el drama) que reside bajo la propia "piel". Otra forma de decir *historia vivida en carne propia*. La mayoría de poetas de la sección dos nacieron en El Salvador y viajaron a los Estados Unidos cuando eran niños.

De esta manera, el arco de esta antología se despliega en una visión explícita de la vida como inmigrante. Uno de los textos que sobresale es "Habitación sin retoques" de Quique Avilés (n. 1965), que retrata de manera gráfica la estrechez de las viviendas en Washington D. C., una ciudad reconocida como receptora de la diáspora salvadoreña. Avilés es un poeta al que vale la pena ponerle más atención. Su poema "Mi lengua está partida en dos" es una representación de otro tema de interés: la estética lingüística dualista (inglés/español) que subyace en algunos de sus poemas. "Lengua de pedernal" de Lorena Duarte (n. 1976) es otro ejemplo destacable de esta temática. Duarte y Avilés se unen a la poeta residente en San Francisco, Leticia Hernández-Linares (n. 1971) al traer a primer plano lo que llamaré un matiz performativo.

Parece haber una cierta dinámica de "página/escenario" en la mitad estadounidense de esta antología. Quizás ahora sea un buen momento para decir que de los nueve poetas de la segunda parte, personalmente conozco la obra de siete.

Ahora bien, uno de los mayores placeres de leer esta innovadora colección ha sido experimentar voces que yo desconocía. Incluso antes de saber que Elsie Rivas Gómez (n. 1979) creció en el área de la bahía de San Francisco (como yo), su poesía me atrapó de inmediato. "Las estaciones" es uno de mis poemas favoritos y merece atención por todo lo que dice en sus veinte líneas –con su repetición, discurso directo, astuto quiebre de líneas y teología subversiva–.

Esta reunión de poetas salvadoreños contemporáneos subraya cómo ciertos aspectos de Centroamérica y su diáspora –como la poesía que encontré en *Volcán* hace treinta años– continúan trenzándose en las vibrantes hebras literarias del continente americano.

*1.° de enero de 2014*
Washington D. C.

*Traducción de María Tenorio*

FRANCISCO ARAGÓN

THEATRE

*Under My Skin*

"*A match is lit
and the wounds glimmer*"

{ OTONIEL GUEVARA }

I knew her as "Doña Mélida." She lived just around the corner from us on 23rd Street. For years my mother shared an amusing anecdote set in her friend's kitchen where they often visited: she and Mélida are seated, sipping coffee and gossiping, nibbling pan dulce when the plump rodent appears, as if shy, from behind the refrigerator, and then proceeds to waddle out and across the linoleum floor past their chairs— more saunter than scurry, "...como si estuviera en su propia casa!" my mother exclaims, stifling a laugh. Perhaps it was a fable she was offering—a fable about *feeling at home?* This would have been the seventies in the Mission District of San Francisco, home to a Central American diaspora.

As a high school senior I am devouring *Volcán* (City Lights Books, 1983), an anthology of poets from Doña Mélida's native El Salvador, from my mother's Nicaragua, as well as Guatemala, Honduras—a bilingual volume co-edited by Alejandro Murguía, a writer who had co-founded the Roque Dalton Cultural Brigade in those years. I thought of Doña Mélida, *Volcán*, my mother, vocabulary I spoke and heard in the Mission as a child— as I was reading the manuscript that became this book you are holding in your hands.

Section one features nine poets based in El Salvador. It opens with three poems by René Rodas (b. 1962). His selection is useful to dwell on for a bit. "Signs of Identity" is dedicated to Horacio Castellanos Moya, who I had the pleasure of meeting while he was in-residence at City of Asylum in Pittsburgh a few years ago. Castellanos Moya is a distinguished writer who has spent years in exile under threat of persecution for practicing his art. Which is to say: any discussion of Salvadoran letters cannot, in my view, avoid the conflicts in El Salvador's contemporary history, as well as the waves of migration that have resulted. The first sentence in this anthology is: "You know why I came to Canada?"

It's the sustained answer to that question, played out in Rodas' first piece, that's emblematic of what distinguishes the poems in section one of this anthology from the poems I recall reading in *Volcán*. While the violence in the City Lights volume was depicted in a straightforward, if sometimes harrowing way, the unrest in section one of *Kalina* insinuates itself in more subtle ways, if at all. The portrait that unfolds in "Signs of Identity" is not especially sympathetic, giving voice to a speaker whose primary aim seems to be to buy an SUV. In other words, the portrait is complex and rich—human.

Rodas' second piece, "Daughter of Demiurge," reads like a brief history of the world in which migration dominates its conclusion:

> Then immigrants arrived with falafels, zoological calendars, the crescent moon and the promise of their daughters, dead and wandering languages, won-ton soup, songs, swindlers, smoked meat, nostalgia and pupusas.

That last term is a delicate nod to a staple of Salvadoran cuisine.

Rodas' third contribution, "The Road," a poem in six parts, begins: "I've seen the night, weary of running, collect its untamed exasperated hair in a fist." In the margins of the manuscript I read to prepare these remarks, I jotted down:

"An admirable range of styles and registers—from colloquial to visionary to almost surreal."

In the varied work of the other eight poets in section one, nuance seems a norm, except when it isn't: Elena Salamanca (b. 1982) opens "On the Myth of Santa Tecla" like this:

> A man will ask for my hand
> and I will cut it off.
> Another will be born
> and I will cut that one off, too.

In a re-casting, re-imagining of this myth, the speaker, of her persistent hands, goes on to say:

> They will not milk the goats,
> will not go for wine in the village
> will never darn his underwear
> and never
> ever
> caress his testicles.

Miroslava Rosales (b. 1985) is represented by a trio of pieces set in a bustling San Salvador. Here are a sampling of lines:

> "I don't recognize my voice in this screech of bats"
> ("canned coal bird")

> "This city is as small as the hand that writes this poem"
> ("This city is so small")

> "in the voice of Robert Johnson and the electric howls
> of Ginsberg"
> (*"allegro vivace"*)

The poems in part one, while rooted in modern El Salvador, also evoke a collective gaze directed beyond its borders, inspired not only by stories of migration but also a range of art forms, their various genres and traditions. The title of this preface ("Theatre/Under My Skin") is lifted from the poem in section two titled "Postwar Syndrome" by Mario Escobar (b. 1978), who I had the pleasure of meeting at a literary salon in a private home in Washington, D.C. a couple of years ago. I am immediately drawn by the conceptual trope of "theatre" (which brings to mind storytelling, spectacle, drama) residing beneath one's "skin." Which might be another way of expressing: *history lived in the flesh*. A majority of the poets in section two were indeed born in El Salvador, and journeyed to the United States as children.

And so the arc of this anthology develops into a more explicit glimpse of life as an immigrant. One of the pieces that stands out is "A Room Without Touch Ups" by Quique Avilés (b. 1965), which vividly portrays cramped living quarters in Washington, D.C., a city noted for its Salvadoran diaspora. Avilés is a poet worthy of additional attention here. His other piece, "My Tongue is Divided into Two," is a solid representation of another area of focus: the dual-language (English/Spanish) aesthetic that undergirds a number of these poems. "Flint Tongue" by Lorena Duarte (b. 1976) is another notable example in this regard. Duarte and Avilés join San Francisco-based poet Leticia Hernández-Linares (b. 1971) in foregrounding what I'm going to call a performative tinge in their art. There seems to be something of a "page/stage" dynamic at play in the U.S.-half of this anthology. Perhaps now is as good a time as any to say that of the nine poets in section two, I am personally acquainted with the work of seven.

And yet one of the great pleasures of spending time with this ground-breaking collection has been experiencing voices that are new to me. Even before I learned that Elsie Rivas Gómez (b. 1979) was raised in the San Francisco Bay Area (as was I), her work immediately won me over. "The Stations" is among my favorites of these poems and merits sustained attention for all it packs into its twenty lines—with its repetition, direct speech, astute line breaks, and subversive theology.

This gathering of contemporary Salvadoran poetry underscores how certain aspects of Central America and its diaspora—like the poetry I encountered in *Volcán* thirty years ago—continue to braid into the vibrant literary strands of the Americas.

*1 January 2014*
Washington, D.C.

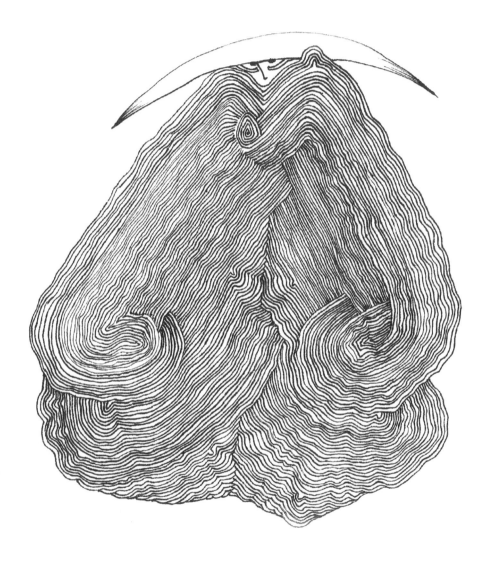

"SABE".
Javier Ramírez. *Tinta sobre papel.*

# Palabras preliminares

---

## *Preliminary Words*

ANA PATRICIA RODRÍGUEZ

# La
# DIÁSPORA
# SALVADOREÑA

*en los
Estados Unidos*

En su libro titulado *Global Diasporas (Diásporas Globales) (2008)*, Robin Cohen explica que las raíces de las diásporas se encuentran en la persecución religiosa, política y de grupos; es decir, en el genocidio, la esclavitud, la guerra, el comercio, la migración laboral y otros factores determinantes, que impulsan a las personas a migrar alrededor del mundo. La diáspora salvadoreña no es una excepción. Los salvadoreños llevan siglos en movimiento debido a factores económicos, políticos, medioambientales y sociales. La historiografía moderna nos dice que, tan pronto como los españoles tocaron tierra en Cuscatlán, en el siglo XVI, los cuscatlecos fueron desplazados de su tierra natal, trasladados al extranjero y obligados a participar en la empresa colonizadora. Durante el siglo XIX y el siglo XX, se trasladaron a trabajar en las plantaciones de banano de Centroamérica, en el canal de Panamá y en los muelles y centros industriales de los Estados Unidos. Entre la guerra civil de los años ochenta y la crisis económica mundial del final del milenio, el éxodo salvadoreño incrementó de manera exponencial despojando al país del más del 30% de su población, mucha de la cual se estableció en Norte, Centro y Suramérica, Europa, Asia, Australia y otras regiones, para jamás volver a El Salvador. Por cierto, en su "Poema de amor", Roque Dalton rinde homenaje a los salvadoreños que han emigrado a las regiones más inhóspitas en busca de trabajo, oportunidades y refugio.

Hoy en día, los salvadoreños que residen fuera no solo producen un gran capital para su país: también lo están transformando, infundiéndolo de diversos elementos culturales. Ahora más que nunca, El Salvador está conectado a las fuerzas globales. La mayoría de los estudiosos de la cultura salvadoreña están de acuerdo con que no se puede hablar de El Salvador de hoy sin reconocer la transnacionalización de la cultura salvadoreña dentro y fuera del estado-nación. Aunque los salvadoreños en los Estados Unidos llamen hogar a ciudades como Dallas, Houston, Los Ángeles, San Francisco, Nueva York y Washington, D.C., aún mantienen lazos materiales, afectivos y simbólicos con su "patria". Para estos sujetos de la diáspora, la noción de patria es compleja, polivalente y polisémica. Adecuadamente titulada *Kalina*, palabra que resulta de la unión de dos palabras en náhuat y que hace referencia a los pipiles, un grupo étnico indígena disperso a través de regiones y hablando distintos idiomas, esta antología de poesía salvadoreña contemporánea reúne las voces y palabras en inglés, español y espanglish de aquellas generaciones de poetas salvadoreños que crecieron en la diáspora. Poetas como William Archila (Los Ángeles, CA), Quique Avilés (Washington, D.C.), Leticia Hernández-Linares (San Francisco, CA), Lorena Duarte (Minneapolis, MN) y otros que aparecen en esta antología, demuestran el amplio alcance geográfico de la población salvadoreña en los Estados Unidos. También dan voz a las distintas identidades de la diáspora salvadoreña, construidas en medio de otras culturas, naciones e identidades, como consecuencia de la violencia, la guerra, el trauma y el desplazamiento.

Los poetas cuyas obras forman esta colección reflexionan y dialogan sobre el silencio forzado, las separaciones internas, las grietas en la memoria producidas por las condiciones de la diáspora y, al mismo tiempo, dan vida a nuevas voces y articulaciones híbridas, a una ingeniosa creatividad. En "Mi lengua está partida en dos", Avilés, quien emigró a Washington, D.C. en 1980, parece decir que bajo la agresión de la guerra y el dolor del silencio, no hay otra opción más que hablar con una "lengua partida", herida, amputada, separada de sus raíces. La lengua dividida en la obra de Avilés representa la herida y la recuperación de la voz de la diáspora salvadoreña. En el poema, él escribe que su lengua se encuentra dividida "por virtud, coincidencia, antojos del cielo" -en pocas palabras, por el destino, la historia y el poder-. Aun así, estas heridas no logran detener "las palabras [que] saltan desde mi boca / tropiezan entre sí / disfrutan ser parte de mi mensaje / esperan respuestas". La "lengua", dividida por la diáspora, ahora carga con el peso de unos "pedacitos densos de acentos confundidos" y "se ahoga en un idioma que vive, salta, traduce". De aquella lengua herida por la separación fluye "nuestro loco deseo de vencer, triunfar, conquistar", "cantar a gritos", "pedir agua", "[hacer] fiesta", "[refugiarnos] en sus rezos" y vivir. Hacia el final del poema, la lengua adquiere vida con un "inglés que suena chistoso", "sonidos chistosos en inglés", "lengua en un inglés que suena chistoso", "lengua con chistosos sonidos ingleses". En este juego de palabras, Avilés parece deleitarse con el poder transcreativo de la diáspora, concepto teorizado por Stuart Hall (2003), concluyendo que "ah qué lengua esta / dice cosas sabrosas". En este mismo sentido, el trabalenguas de Gabriela Poma Traynor, "miyamidosaeme", expresa el cruce de latinidades en los Estados Unidos por medio de un animado encuentro con el poeta *nuyorican*, Víctor Hernández Cruz.

En "Lengua de pedernal", la galardonada poeta Lorena Duarte retoma la metáfora de la lengua partida (ella misma casi se cortó la suya de un mordisco, con sus propios dientes, cuando era pequeña, dejándola colgada de "dos trocitos"), herida, cicatrizada, reverberando con "palabras que perforan." En el sistema de signos azteca, las palabras son representadas por la imagen del pedernal. Las palabras, igual que las puntas de pedernal, son instrumentos filosos que pueden partir, romper y cortar. Desde un punto de vista chicano-feminista, la interlocutora habla con "lengua de pedernal", "lengua rota y dividida", "lengua remendada, milagrosa", "lengua sobreviviente", "lengua fronteriza", o lo que Gloria Anzaldúa en *Borderlands/La Frontera: The New Mestiza* identifica como un discurso postcolonial y feminista: ambivalencias que se concretan en el desafío y la resistencia al orden normativo, patriarcal. Es "una lengua hecha para látigos / y para el placer". Aquí la interlocutora utiliza su lengua para hablar, proteger, dar placer y destrozar. Esta es una "lengua camaleón" que no permanecerá callada y contará "los relatos de aquellos cuyas lenguas han sido arrancadas y silenciadas". El poema de Duarte sobre la lengua dividida expresa la hibridación del pensamiento feminista salvadoreño/chicano, o una conciencia mestiza. Asimismo, inspirada por la imaginería de la cabeza rapada en la obra de Frida Kahlo, Leticia Hernández-Linares en "La Pelona" traza la genealogía de mujeres valientes que resistieron la violencia de la conquista y la opresora tradición española. En "Usted está aquí," la poeta recupera recuerdos de infancia de orden familiar y retrata la violencia que viaja con los migrantes, todo lo cual se convierte en reminiscencia durante peregrinajes entre Los Ángeles y San Francisco.

Una violencia de distinto orden la encontramos en "El síndrome de la posguerra", de Mario Escobar, poema que evoca macabras y traumáticas escenas a través de imágenes como "pétalos de carne" "aliento en agonía" y "triturados huesos", imágenes que todavía persiguen a aquellos que padecieron violencia durante la guerra civil en El Salvador y que aún llevan cicatrices. Asimismo, en sus poemas "Las estaciones" y "Las mujeres", Elsie Rivas Gómez reflexiona sobre recuerdos de torturados, desaparecidos y huérfanos, concluyendo que junto a ellos, en El Salvador, dios también "era cualquiera, y estaba destrozado y en todas partes". En "La década en que el mundo conoció al país", William Archila representa la naturalización de la guerra mediante imágenes surrealistas en las cuales el sol "se tornó verde-olivo", "apareció en las pestañas / de todos una tenue tela de ceniza", peces "llovieron del cielo," "los huesos, / tocaron y tocaron a las puertas", y pronto "todos clavaron flores en alguna tumba" debido a las crecientes masacres y a los asesinatos. En sus actos cotidianos de supervivencia, en poco tiempo a la gente no le importó cuando "la oscura hinchazón del suelo agrietado" comenzó a aparecer y "por la noche, el cuchillo / manchando un mantel" marcó la magnitud de la violencia que la guerra dejó sobre la población. En dos poemas que evocan los tristes tonos del blues, "Duke Ellington, Santa Ana, El Salvador, 1974", y "Blues del Inmigrante, 1980", Archila reflexiona sobre su experiencia migratoria. Apenas a "una guerra lejos de casa", su yo poético es atormentado por imágenes de cadáveres, huesos y cuerpos destrozados mientras camina por las calles de Los Ángeles, donde se siente extranjero y perdido.

Finalmente, otros poemas incluidos en *Kalina* colocan en primer plano las dificultades de la experiencia migrante: documentan la lucha diaria de los inmigrantes por mantener aquellos recuerdos ligados al país que dejaron atrás (Archila, "Territorio clandestino"), por lidiar con la separación de las familias (Zamora, "Llamadas telefónicas"), por saciar el deseo humano (Zamora, "Inmigrar es amar a dos mujeres") y testimonian la lucha de vivir en el "mundo escondido" de la ilegalidad (Avilés, "Una habitación sin retoques"). Por su parte, José B. González produce meta-reflexiones sobre el acto de escribir la historia de "los olvidados": el salvadoreño olvidado, borrado, casi invisible, negado a tener una narrativa propia. Para llenar este vacío, González escribe "Sociologia 101: Ensayo sobre inmigración ilegal", una oda a los inmigrantes salvadoreños cuyos relatos de primera mano, pero desautorizados, están reunidos en este volumen de *Kalina*.

*Traducción de Yesenia Santibañez*
*con la colaboración de Tania Pleitez Vela*

**Bibliografía consultada**
Anzaldúa, Gloria. *Borderlands/La Frontera: The New Mestiza.* San Francisco: Aunt Lute Books, 1999 [ 1987].

Cohen, Robin. *Global Diasporas: An Introduction.* London and New York: Routledge, 2008.

Hall, Stuart. "Cultural Identity and Diaspora." *Theorizing Diaspora: A Reader.* Eds. Jana Evans Braziel and Anita Mannur. Malden, MA: Blackwell Publishing, 2003. 233-246

ANA PATRICIA RODRÍGUEZ

# The Salvadoran Diaspora

## *in the United States*

In his book titled *Global Diasporas* (2008), Robin Cohen explains that the roots of diaspora lie in religious, political, and group persecution, genocide, slavery, war, trade, labor migration, as well as other push and pull factors that prompt people to migrate across the world. The Salvadoran diaspora is no exception. For centuries, Salvadorans have been on the move due to economic, political, environmental, and social factors. Modern historiography tells us that, as early as the Spanish landfall in Cuscatlán in the sixteenth century, Cuscatlecos were removed from their native land and taken to foreign ones to aid in the colonizing enterprise. In the nineteenth century and twentieth centuries, they flocked to work in the banana fields of Central America, the Panama Canal, and the shipping docks and industrial centers of the United States. With the civil war of the 1980s and the global economic crises at turn of the millennium, the Salvadoran exodus would only grow exponentially, draining the country of over 30% of its population, most of which resettled permanently across North, Central, and South America, Europe, Asia, Australia, and other regions, never to return to El Salvador. Indeed, in his "Poema de amor / Poem of Love," Roque Dalton paid tribute to the Salvadoran people, who have emigrated to the most inhospitable of sites in search of work, opportunities, and refuge.

Today, Salvadorans residing across the world not only produce great capital for the country but are also transforming the Salvadoran nation, infusing it with diverse cultural elements. More than ever, El Salvador is closely tied to global forces. Most scholars of Salvadoran culture agree that one cannot speak about El Salvador today without acknowledging the transnationalization of Salvadoran culture within and outside of the nation-state. While Salvadorans in the United States may call "home" cities such as Dallas, Houston, Los Angeles, San Francisco, New York, and Washington, D.C., many maintain material, affective, and symbolic ties to the "homeland." For these diasporic subjects, the notion of homeland (patria) is complex, multivalent, and polisemic. Aptly titled *Kalina*, a blend of two words in nahuat, a language referring to the *Pipiles*, an indigenous ethnic group dispersed across regions and speaking different languages, this anthology of contemporary Salvadoran poetry gathers the voices and words in English, Spanish, and Spanglish of generations of Salvadoran poets raised in diaspora. Poets like William Archila (Los Angeles, CA), Quique Avilés (Washington, D.C.), Leticia Hernández-Linares (San Francisco, CA), Lorena Duarte (Minneapolis, MN), and others featured in this anthology show the extensive geographical reach of the Salvadoran diaspora in the United States. They also give voice to the experiences of diasporic Salvadoran identities constructed between cultures, identities, and nations as a consequence of violence, war, trauma, and displacement in El Salvador.

The poets, whose work is collected here, seem to ponder and speak out of the forced silences, internal splits, and memory gaps produced by their condition of diaspora, which also gives rise to new voices, hybrid articulations, and resourceful creativity. In "My Tongue is Divided into Two," Avilés, who immigrated to Washington, D.C. in 1980, seems to say that under the assault of war and the pain of silence, there is no option but to speak with a "divided tongue," wounded, cut off, and split from its roots. The divided tongue in Avilés's work represents the wounding and recovery of voice of the Salvadoran diaspora. In the poem, he writes of his tongue being divided "by virtue, coincidence or heaven"—in other words, by destiny, history, and power. Yet, this wounding cannot stop the "words jumping out of my mouth / stepping on each other / enjoying being a voice for the message / expecting conclusions." The "tongue," divided by diaspora, now is "heavy [with] accent bits of confusion" and "drowning in a language that lives, jumps, translates." From that wounded tongue of separation flows "our crazy desire to triumph and conquer," "sing out loud," "ask for water," "party," "take refuge in praying," and live. Toward the end of the poem, the tongue comes alive with "english of the funny sounds," "funny sounds in english," "sounds funny in english," and "funny english sounds." In this wordplay, Avilés seems to revel in the transcreative power of diaspora so well theorized by Stuart Hall (2003), concluding that he "like[s] [his] tongue / [for] it says what feels right." Along these lines, Gabriela Poma Traynor's tongue twister "miyamidosaeme" expresses the intersection of Latinidades in the United States through a lively encounter with the Nuyorican poet, Victor Hernández Cruz.

In her poem, "Flint Tongue / Lengua de pedernal," award-winning poet Lorena Duarte retakes the metaphor of the split tongue, which she almost bit off as a child with her own teeth, leaving it hanging on "by two little bits," wounded, scarred, and reverberating with "words that are piercing." In the Aztec sign system, words are signified by the image of the flint. Words, like the flint, are sharp instruments that can split, shatter, and cut things around them. In a Chicana feminist vein, the interlocutor speaks with a "flint tongue," "split and shattered tongue," "patched up, miracle tongue," "survivor tongue," and "border tongue," or what Gloria Anzaldúa, in *Borderlands/La frontera: The New Mestiza*, identifies as a postcolonial, feminist discourse of ambivalences that challenges and resists normative, patriarchal order. It is "a tongue made for lashings / And for pleasure." Here the interlocutor will use her tongue to speak, protect, give pleasure, and destroy. This is a "chameleon tongue" that will not stay quiet, but "tell the stories of those whose tongues have been cut out and silenced." Duarte's poem about the forked tongue expresses the hybridization of Salvadoran/Chicana feminist thinking, or a mestiza consciousness. Likewise, inspired by Frida Kahlo's imagery of the shorn head, Leticia Hernández-Linares in "La Pelona" traces a genealogy of brave women resisting the violence of Spanish conquest and tradition, while in "You are Here / Usted está aquí," she recaptures childhood memories of implicit family order and violence that travel with migrants and are mapped out in trips between Los Angeles and San Francisco.

On a violence of a different order, Mario Escobar, in "Postwar Syndrome / El síndrome de la posguerra," recalls macabre scenes of post-trauma through images of "flesh petals," "agonizing breath," and "shattered bones," which continue to haunt those who experienced great violence during the civil war in El Salvador and who carry its scars with them. Likewise, in her poems "The Stations / Las estaciones" and "Las mujeres," Elsie Rivas Gómez reflects on memories of the tortured, disappeared, and orphaned, concluding that with them, god, too, "was common and broken and everywhere" in El Salvador. In "The decade the country became known throughout the world / La década en que el mundo conoció al país," William Archila represents the naturalization of war in El Salvador through a series of surreal images, in which the sun first "turned into an olive-green glow," "a light film of ash appeared / on everyone's eyelids," fish "plunged from the sky," "bones began to knock / and knock on [...] doors," and soon "everyone stabbed flowers on a grave," with the increasing massacres and killings. In their daily acts of survival, the people soon did not care when "the dark swelling of the open ground" began to appear and "at night a knife / stained the kitchen cloth," marking the extent of violence of war upon the population. In two poems invoking the mournful tones of the blues, "Duke Ellington, Santa Ana, El Salvador, 1974," and "Immigration Blues, 1980 / Blues del inmigrante, 1980," Archila ruminates on his immigration experience. Just "a war away from home," he is haunted by images of carcasses, bones, and torn bodies as he walks through the streets of Los Angeles, where he feels foreign and lost.

Finally, other poems in *Kalina* bring to the fore the hardships of the immigrant experience. They document the daily struggles of immigrants to resist memories of the country they left behind (Archila, "Clandestine Territory / Territorio clandestino"), to deal with family separation (Zamora, "Phone-Calls / Llamadas telefónicas"), to quench human desire (Zamora, "Immigrating is Loving Two Women / Inmigrar es amar dos mujeres"), and to live in the "hidden world" of illegality (Avilés, "A Room Without Touch Ups / Habitación sin retoques"). In his contributions, José B. González produces meta-reflections on the act of writing the stories of "los olvidados," the Salvadoran forgotten, erased, rendered invisible, and denied a narrative of their own. To fill this void, González writes "Sociology 101: Essay on Illegal Immigration / Sociología 101: Ensayo sobre Inmigración Ilegal," an ode to Salvadoran immigrants whose unauthorized first-hand narratives are gathered in this volume of *Kalina*.

*21 January 2014*
Washington, D.C

**Works Cited**

Anzaldúa, Gloria. *Borderlands/La Frontera: The New Mestiza.* San Francisco: Aunt Lute Books, 1999 [1987].

Cohen, Robin. *Global Diasporas: An Introduction.* London and New York: Routledge, 2008.

Hall, Stuart. "Cultural Identity and Diaspora." *Theorizing Diaspora: A Reader.* Eds. Jana Evans Braziel and Anita Mannur. Malden, MA: Blackwell Publishing, 2003. 233-246.

TANIA PLEITEZ VELA

# PÁJARO DE CARBÓN EN LATA Y LOS BLUES.

## Diálogo entre dos orillas

En su artículo, "Mi muerte y Diamanda Galás" (2013), el poeta salvadoreño Miguel Huezo Mixco (1954) cuenta que, durante una de sus estancias en Nueva York, en octubre de 2004, se presentó en la casa de esa impresionante artista vanguardista, también conocida como la *Dark Diva*. Cuatro años antes, por casualidad, Huezo Mixco había descubierto que la compositora y pianista, durante un concierto en el Claustro de Sor Juana Inés de la Cruz de la Ciudad de México, había interpretado uno de sus poemas "Si la muerte..." También descubrió que en una crónica periodística ella había afirmado que el autor del poema estaba muerto. Atando cabos, Huezo Mixco –quien pasó más de una década peleando del lado de la guerrilla en las montañas de Chalatenango– se enteró de que el poema había llegado a las manos de la artista gracias a una antología bilingüe de poesía salvadoreña editada por Claribel Alegría y Darwin Flakoll, publicada en los Estados Unidos, precisamente cuando ese país centroamericano se encontraba enfrascado en la guerra civil (1980-1992). Finalmente, el poeta contactó a Galás y le dijo que no, que no estaba muerto. Esta anécdota propició contactos por correo electrónico hasta que finalmente se conocieron en la casa de la pianista, en el East Village, en un encuentro inolvidable para Huezo Mixco: "El tiempo se terminó. Nos despedimos. Me dijo 'muchas gracias' en su español, y yo también, en mi inglés. En unas décadas, esas dos lenguas se mezclarán para darle un nuevo esplendor a nuestra poesía. Ya lo verán". (2013, 12) El poeta no se equivocó.

Ocho años después del encuentro de Huezo Mixco y Galás, a principios de 2012, recibí un correo electrónico de Alex y Lucía, las directoras de Kalina, preguntándome si me interesaba trabajar como editora de una antología bilingüe que reuniría a poetas salvadoreños contemporáneos, residentes en las "dos orillas", El Salvador y los Estados Unidos: poetas que escriben en español y en inglés. Tanto Alex como Lucía nacieron en El Salvador pero se marcharon del país siendo aún pequeñas, cuando recién comenzaba el conflicto armado. Décadas después regresaron a El Salvador y aún hoy experimentan en su paladar el sabor de la identidad escindida, del extrañamiento.

Recuerdo una conversación por Skype, pocos días después de recibir el correo electrónico, en la que ellas me expresaron la urgencia de realizar este proyecto. Pude percatarme en ese momento de que el proyecto les apasionaba porque les brindaba un sentido de pertenencia, pero no a un país, sino a un no-lugar, a un imaginario enraizado en la poesía. Me identifique con ellas porque también soy, digamos, *stateless*: salí de El Salvador hace casi veinticinco años y he vivido en California, Costa Rica y España. Así las cosas, acepté el reto de editar esta antología.

Durante casi dos años (Alex y Lucía en El Salvador y yo en Barcelona), trabajamos en la selección –y luego, junto a un equipo de expertos, en la traducción– de dieciocho poetas nacidos a partir de los años sesenta. ¿Por qué nacidos a partir de esa década? Nos interesaba reflejar la poética de aquellos que, cuando empezó la guerra, eran niños o adolescentes; de aquellos que habían nacido durante la misma; y de los poetas migrantes e hijos de la diáspora. En pocas palabras, poetas que llevan la marca de la guerra de alguna forma u otra pero que sobre todo acarrean las consecuencias de ese hecho atroz: simbolizan las preguntas que surgen durante ese período enrarecido que es la posguerra.

Fue así como se estableció un diálogo poético trasnacional que documenta, desde una perspectiva pionera, las ramificaciones contemporáneas de la poesía salvadoreña. Precisamente, el nombre Kalina resulta de la unión de dos palabras en náhuat: *kal* significa casa; *ina* significa expresión: "casa [de] expresión". Esta antología, por lo tanto, pretende delinear esa casa y posicionarla como un espacio donde el concepto tradicional de "poesía nacional" se diluye para dar cabida a las diversas identidades que coexisten en el terreno del imaginario poético.

Los poetas que han emigrado y escriben en inglés de alguna forma siguen ligados a la tierra de sus padres, a la de su infancia: el recuerdo de un país al mismo tiempo borroso y contundente. Como los lectores podrán comprobar, en los poemas que componen este libro, la historia y la cultura salvadoreñas aparecen tal si fueran una hormiga omnipresente que recorre, pequeña pero incansable, el mapa de las emociones; a veces esa hormiga muerde, otras no. El lenguaje se alza como lugar intermedio, de reconciliación, entre lo extranjero, lo novedoso y la tradición "nacional". De esta forma, todos los poetas antologados, aunque procedan de diversas orillas, sean hombres o mujeres, se convierten en residentes de un mismo lugar: habitan en la poesía, pero en un espacio donde no se impone una sola poética (o una oposición binaria); más bien conviven varias poéticas; diferentes formas de ser y de habitar en la palabra, de hacer una declaración política, sea esta social, individual o existencial. Matices, texturas, transparencias y agudezas disímiles que hacen un recorrido por lo humano, por la historia de la vulnerabilidad y la fortaleza – más allá de un país–. En ese sentido, *Kalina: Teatro bajo mi piel* se convierte en un documento con el que se pueden sentir identificados ciudadanos de todo el mundo, sobre todo aquellos que hay tenido que lidiar con la violencia, algún tipo de violencia: social, de género, emocional.

### Temáticas entretejidas

Durante las varias lecturas que hicimos del manuscrito, pudimos identificar diversas capas, imágenes recurrentes –huellas que se siguen unas a otras– y vías de lenguaje que, en un intento por hacer un retrato plural de la condición humana, alumbran esos dos niveles: "el lado de acá" y "el lado de allá".

En la primera sección de esta antología, titulada *"Fobiápolis"* a partir del libro inédito de Krisma Mancía, se hace evidente el estado de ánimo contemporáneo en El Salvador. Los poetas "del lado de acá", heredaron un país devastado por la guerra civil, roto por la excesiva polarización, pobre. Además, este continúa siendo clasista, excluyente, machista. Precisamente por eso, el compromiso político no ha dejado de tener presencia en la poética contemporánea, más bien estos autores han buscado nuevos espacios para hablar de ese compromiso. Por ejemplo, la violencia sigue estando presente pero el tratamiento que se le da en la escritura es distinto al que se le dio en los años ochenta. Los creadores se comprometen con la renovación literaria en sintonía con un compromiso político que, no obstante, se ha diversificado. Ya no se impone como tema preponderante el compromiso con la revolución social y política, tal y como lo fue desde los años cincuenta hasta los años ochenta, aunque esto no quiere decir que entonces ese era el único tema, pero sí que empapaba a los discursos poéticos ya que la literatura se había convertido en el símbolo de un país oprimido por la injusticia social.

Esto tiene que ver con los hechos de 1932: el 22 de enero de ese año se produjo un masivo levantamiento popular dirigido por Farabundo Martí, el cual fue aplastado por el ejército en cuestión de días; algunos hablan de treinta mil muertos, mientras que las cifras oficiales hablan de diez mil, y es por esta razón que a este evento se le llama La Matanza. A partir de entonces El Salvador fue dirigido por una serie de gobiernos militares, a veces opacados por golpes de estado, pero que siempre terminaban en lo mismo: un nuevo gobierno dictatorial. Era lógico, entonces, que buena parte de la poesía hablara de la necesidad de una revolución. En esta línea sobresalen poetas como Pedro Geoffroy Rivas, Oswaldo Escobar Velado, Matilde Elena López y los poetas de la Generación Comprometida, entre los cuales se encontraban Roque Dalton, Roberto Armijo, Manlio Argueta, José Roberto Cea, Ítalo López Vallecillos, Alfonso Quijada Urías, entre otros. Muchos poetas nacidos en los años cincuenta se marcharon a la clandestinidad durante la guerra civil y desde allí también escribieron o editaron libros; tal es el caso de Alfonso Hernández, Amada Libertad, Lil Milagro Ramírez, Miguel Huezo Mixco y Róger Lindo. El 16 de enero de 1992 finalmente se firmaron los Acuerdos de Paz de Chapultepec y El Salvador entró en un nuevo periodo histórico: la posguerra, acompañada de un estado de ánimo entusiasta que pronto, no obstante, cayó en el desencanto. Ya Beatriz Cortez en su libro *Estética del cinismo: pasión y desencanto en la literatura centroamericana de posguerra* se ha referido a las repercusiones de ese desencanto en la literatura de la región.

Hoy en día se alza el compromiso con los derechos de aquellos cuyas identidades siguen al margen, por ejemplo, las mujeres, las víctimas de la violencia, los migrantes e incluso los escritores mismos, como *outsiders*. Todas estas son también agendas políticas acompañadas de una agenda artística. La guerra fue una fuerza extrema que prácticamente les cerró espacios a otras agendas. Pero ahora esos espacios se han abierto ampliamente. Es cierto que no son las mismas agendas políticas pero sí lo son en la medida que se les brinda una voz a nuevos sujetos poéticos, los cuales representan una fuerte conciencia de su tiempo y su lugar. Estos poetas entran a menudo en la memoria, en la individual y en la colectiva, la cual se expresa por medio de profundos recuerdos arañados por hechos feroces, agudas observaciones, reflexiones filosóficas, imágenes surrealistas, angustia hecha piel, todo lo cual refunda los cimientos de la poética salvadoreña actual.

En la segunda sección –titulada "Blues del inmigrante" siguiendo un poema de William Archila– se encuentran los poetas "del lado de allá" y lógicamente sobresalen por su condición de migrantes o por ser los hijos de la diáspora. Entre los temas destacan la relación con la cultura extranjera; la marginalidad y la vivencia dualística – estar "en medio"–; El Salvador como telón de fondo de una vivencia híbrida; y, por supuesto, la condición de las mujeres –las marginadas entre los marginados–. Todo esto lo explica Ana Patricia Rodríguez en el ensayo anterior titulado precisamente "La diáspora salvadoreña en los Estados Unidos".

La presente antología abre con "Señas de identidad", de René Rodas, poema dedicado a Horacio Castellanos Moya, el cual comienza así: "¿Sabés por qué me vine a Canadá?". De esta forma, el yo poético establece un diálogo literario con Edgardo Vega, el ya clásico personaje de *El asco*. *Thomas Bernhard en San Salvador* (1997), protagonista de la controversial novela de Castellanos Moya. En esta, Vega afirma lo siguiente:

> ...por eso me fui a Montreal, mucho antes de que comenzara la guerra, no me fui como exiliado, ni buscando mejores condiciones económicas, me fui porque nunca acepté la broma macabra del destino que me hizo nacer en estas tierras, me dijo Vega. Después llegaron a Montreal miles de tipos siniestros y estúpidos nacidos también en este país, llegaron huyendo de la guerra, buscando mejores condiciones económicas. (1997, 17)

Si en dicha novela, Vega articula un discurso contra El Salvador –la mentalidad y las costumbres nacionales–, en el poema de Rodas, el inmigrante salvadoreño es inscrito dentro de esa cultura. Aunque se haya marchado a Canadá, ese salvadoreño mantiene sus "señas de identidad", es decir, sigue siendo parte de esa cultura de la violencia basada en la ostentación del poder. El inmigrante del poema ya no es el pobre diablo que llegó a Canadá, sin nada en los bolsillos, sino que ahora tiene una Cheroqui con todos los *gadgets*, como las que conducen aquellos que tienen poder en su país ("algún cachuchudo o un viejo rico"). Así, ese inmigrante, creyéndose "mejor" porque ha llegado a ser jefe de planta, no duda en socarle "las tuercas a los operarios".

No es ningún secreto que en El Salvador pervive una cultura basada en el manejo abusivo del poder, en la inequidad. Precisamente, en el Informe de Desarrollo Humano 2013 del PNUD (Programa de las Naciones Unidas para el Desarrollo) se enfatiza que en El Salvador persisten rasgos culturales discriminatorios. Asimismo, dicho informe sostiene que de cada tres salvadoreños que han conseguido trabajo en los últimos treinta años, dos lo han hecho en Estados Unidos. Es decir, la forma de emplearse ha sido migrando. "Estamos hablando de un país que ha expulsado en promedio a 60.000 de sus habitantes cada año en las últimas tres décadas, donde dos de cada tres hogares carecen de alguno de los servicios básicos y donde las personas han sido vistas como medios para obtener riqueza y no como objetivo de las políticas públicas." (Labrador, 2013) En síntesis, el poema de Rodas pareciera querer subrayar que, aunque los salvadoreños emigren, algunos se llevan con ellos esas señas, esas terribles pero humanas marcas de la cultura.

Por su parte, Otoniel Guevara se refiere a la violencia de forma desgarradora desde dos perspectivas. Por un lado, la negación del yo poético a olvidar los asesinatos perpetrados por los escuadrones de la muerte, evocando el recuerdo de una persona en particular: "Si tan solo una señal me dieras, / qué sé yo: un jardín / donde crezca la historia" ("Señal"). Guevara también fue detenido y sufrió tortura en aquellos años de la guerra civil; fue uno de los pocos afortunados que salió con vida. Por otro lado, el poeta establece un paralelismo entre el estado anímico colectivo y el fluir del río Lempa, la historia: "El río dice adiós con su mano mutilada …/ El río se desborda y nos deja vacíos; / balbuceando palabras de ceniza" ("Discurso final en tono crepitante").

William Archila sigue a Guevara en un intento por desmenuzar la violencia y lo traslada a un terreno de leyenda surrealista en "La década en que el mundo conoció al país". No obstante, solo por tener un acento surrealista no significa que las imágenes están separadas, aisladas, de la realidad que las produjo. Más bien, se elige ese tono onírico porque pareciera no existir una forma coherente de explicarse la anatomía de la violencia cuando ya se ha convertido en un hecho cotidiano:

Nadie sabe cómo
          temprano en la mañana
          apareció en las pestañas
          de todos una tenue tela de ceniza,
          ni cómo llovieron del cielo truchas y caballas
          palpitando, saltando por las calles.

Mario Escobar, en "El síndrome de la posguerra", utiliza una especie de recurso teatral para poder exorcizar, día a día, la herida: "bienvenidos al teatro / bajo mi piel / tragedia en desnudo / aliento en agonía / herido / manchado estoy". Mientras que Elsie Rivas Gómez, quien viajó a Chalatenango con un grupo de estudiantes de la Universidad de Santa Clara muchos años después de la masacre del río Sumpul, nos recuerda en "Las estaciones" que el pasado sigue vivo en la psicología colectiva: mientras observa unos bosquejos realizados por unos estudiantes de un pueblo de Chalatenango, una imagen captura su atención:

          Me fijo en la imagen en blanco y negro
          de una mujer cuyo cuerpo está atado
          con alambre de espino, sus ojos abiertos
          y silenciosos. Le faltan los pezones,
          la sangre fluye al suelo.

Pasado hecho presente tangible, bosquejo histórico contundente y vivo. Y sin embargo, no deja de llamar la atención que sea por medio de un bosquejo que el pueblo lanza el grito. Quizá representa a una voz cansada, ya contenida, por tanto desgarro. Algo que recuerda a un verso de Otoniel Guevara: "El río ya no ríe. Nuestras bocas se cierran" ("Discurso final en tono crepitante"). Precisamente, los poemas testimoniales de Rivas Gómez incluidos en su libro *Swimming in the Río Sumpul (Nadando en el río Sumpul)* (2004), se caracterizan por retratar su experiencia, momentos puntuales de su visita a esa zona rural, sin intención particularmente ideológica. En un país excesivamente polarizado como El Salvador, este libro resulta refrescante y al mismo tiempo revelador.

Estos temas se unen a otras agendas, como la experiencia migratoria, en la que se detienen Quique Avilés ("Mi lengua está partida en dos" y "Habitación sin retoques"), William Archila ("Blues del inmigrante, 1980" y "Territorio clandestino"), José B. González ("Sociología 101: Ensayo sobre la inmigración ilegal") y Javier Zamora ("Inmigrar es amar a dos mujeres") y sobre lo que ya escribió Ana Patricia Rodríguez en el ensayo arriba mencionado. Pero cómo asegura René Rodas en "Hija de demiurgo", la migración es una experiencia humana que sucede desde siempre y en todas las culturas. Los inmigrantes son los hijos de la hija de un demiurgo. ¿Y quién es demiurgo? De acuerdo con la filosofía platónica, demiurgo es el dios creador, el ordenador del mundo. Se dice que al principio solo había una masa caótica, desordenada, indeterminada. Demiurgo miró esa masa y se dijo que algo haría con ella y, además, se mostró muy seguro de que estaría bien hecho. Pero siguiendo la propuesta de Rodas, sabemos que nació una urbe caótica, un aleph a gran escala, una Babilonia contemporánea:

> El diosecillo vio su obra con resignación y abrió presuroso las puertas. La ciudad se vio invadida por generaciones de hippies, punkies, jóvenes góticos, salidos de todos los rincones del país en busca de cultura, libertad y olvido, tal vez no en ese orden de necesidad, que llegaron con los tambores del tam-tam (y los leones se inquietaron con la llamada de caza). Enseguida llegaron los inmigrantes con falafeles, calendarios zoológicos, la luna creciente y promisoria de sus hijas, muertos y lenguas errantes, sopas won ton, canciones, estafadores, carne ahumada, nostalgia y pupusas.

De ahí la inevitable experiencia no solo de la dualidad sino también de la pluralidad, de estar partidos en dos y al mismo tiempo habitar un lugar con muchos mundos. Así, en "miyamidosaeme", Gabriela Poma Traynor se aventura a dar ese paso y se refiere a la pluralidad utilizando regionalismos lingüísticos; aunque el poema habla de un amor fallido, los registros de la lengua le otorgan un sentido de pertenencia al yo poético, uno que se mueve en un lugar donde las culturas centroamericanas conviven al lado de las caribeñas en un Miami exuberante. Es la suya una forma de celebrar los regionalismos del español cuando conviven en un lugar nuevo, al mismo tiempo que captura la experiencia de estar "en medio".

Uno de los temas relacionados con la migración que vale la pena destacar es el de los niños que se quedan con las abuelas, los "olvidados". José B. González, en "Escena de *Los olvidados*", se vale de la película de Luis Buñuel para describir el sentimiento de abandono que permea una existencia infantil:

(Niños) olvidados.
Mi abuela aprieta mis manos
entre las suyas cuando la pandilla de niños atraca
A un hombre ciego. Niños olvidados. [...]

Mis padres cruzaron cuando se me empezaban a caer
los dientes. Mi recuerdo de ellos está roto,
Desmoronado. Los vecinos solían decirme que ellos
Volverían con una bicicleta, que
Ellos regresarían desde un cielo norteño.

Pero después la mención del retorno cesó.

El tema vuelve a aparecer en "Llamadas telefónicas" de Javier Zamora. Aquí el yo poético adopta la voz de un niño resentido con su madre al punto de que le molesta cuando ella lo llama: "Me encachimba cuando llama". Además le molesta que ella ni siquiera sepa cuáles juguetes le gustan: "Me encachimba cuando me llama Super Mario". Pero en realidad, ese resentimiento anuncia una necesidad de ternura:

Quiero que llueva y llueva allá arriba
pa' que ella sepa que mis sábanas se inundaron
y que los chuchos no ladraron cuando el

Huracán Mitch
susurró arrurru mi niño como ella algún día lo
hizo.

Uno de los temas que sobresalen en esta antología es la
cuestión de género. Elena Salamanca nos asombra con tres
poemas: "Sobre el mito de Santa Tecla", "Bodegón con Sor
Juana" y "Sor Juana vomita la cena". El primero hace una
magistral transgresión del mito –el de la notable santa
que no fue alcanzada por el fuego cuando fue colocada
sobre una pira ni fue alcanzada por los leones ni los reptiles
cuando fue lanzada a unas fosas, todo esto durante los
tiempos de la persecución del cristianismo–. En el poema
de Salamanca, esa santa es retratada como una mujer con
voluntad que no duda en cortarse las mil y una manos que
le nacen, y todo con tal de no tener que obedecer a un
hombre que la trata como esclava/objeto. Los dos últimos
poemas pertenecen a una serie titulada "Sor Juana en el
espejo", incluida en su libro *Peces en la boca* (2011). En
ellos, Salamanca se identifica con Sor Juana Inés de la
Cruz, una de las precursoras literarias y feministas más
sobresalientes del ámbito hispánico, al mismo tiempo
que le sirve de espejo para construir una nueva identidad
femenina que se afana en saltar las prescripciones patriarcales.

Leticia Hernández-Linares en "La Pelona (Desnuda, A la
interperie, No-femenina, Calva, Calva, Calva)" hace un
retrato de la violencia perpetrada contra las mujeres desde
tiempos de la colonia española, violencia histórica que
Karen Vieira Powers analiza en su libro *In the Crucible
of Conquest: the Gendered Genesis of Spanish American
Society, 1500-1600*. De hecho, "La Pelona" se basa en
algunos personajes históricos mencionados en *When
Jesus Came, the Corn Mothers Went Away* (1991) de Ramón
Gutiérrez. Aunque este último ha recibido críticas de
varios estudiosos de los indios Pueblo, Hernández-Linares
cuenta con el ingenio y el don de hacer respirar a esas
mujeres de forma poderosa:

Los espíritus se burlan de ti, te hacen pensar si mis
trenzas están rodeando
tus arterias, los bucles traicionados se divierten
con la piel tras tus brazos.
Me río, estoy ocupada entrelazando canciones de
resistencia.

Sin duda, el objetivo de la poeta es visibilizar a estas mujeres cuyas vidas se repitieron en las de otras tantas mujeres que les siguieron –hasta el día de hoy–.: "*Cuentos* / de los que nadie anotó cómo, con la cabeza a sus pies, limpió / la hoja con sus cabellos". El tema continúa en su segundo poema "Usted está aquí", donde el yo poético intenta recuperar el color de la vida después de vivir una situación de abuso en el hogar.

Elsie Rivas Gómez nos habla de la fortaleza de las mujeres que vivieron la guerra salvadoreña y para ello se vale de una escena cotidiana en la que el yo poético (una extranjera que visita la zona de Chalatenango) debe lavar por primera vez sus *panties* manchados de sangre sobre una piedra. Una de las mujeres de la zona le ayuda y las deja limpias, ante lo cual el yo poético hace una reflexión conmovedora: "Está acostumbrada al olor de la sangre bajo sus uñas / sabe que la vida brota de las heridas más profundas".

Por su lado, Jorge Galán también relata una escena inolvidable en "El juego": unos muchachos muy jóvenes, escondidos en las ramas de un árbol, observan a una bella mujer bañándose en el río, hechizados. El final del poema nos cae como una cuchillada cuando dice: "Unos segundos más tarde se perdió rodeando la colina cercana / y unos segundos después vimos a las tres sombras / que eran aquellos tres hombres que corrían tras ella.../ y la noche cayó de nuestros ojos". Galán, por lo tanto, al igual que Rivas Gómez y Hernández-Linares, rescata pequeñas historias de mujeres, a menudo silenciadas por la historia oficial.

Por su parte, Susana Reyes, con una poesía elegante, habla del silencio y los deseos contenidos en "Sobreviviente del silencio" y "Álbum de niñas con abuela", donde el tedio de la cotidianidad es resuelto por medio del latir del movimiento interno, uno rico en pasión y observación. A esta forma de resistencia femenina se le antepone la rebeldía presente en "Lengua de pedernal" de Lorena Duarte, lengua híbrida e irreverente:

> Una lengua urgente
> Hecha de palabras que perforan
> Hecha para palabras que perforan
> Una lengua mordida, mordiente
> Una lengua hecha para látigos
> Y para el placer.

Por otro lado, la alienación, el existencialismo y la abstracción se convierten en temas importantes en este libro. René Rodas en "El camino" habla sobre un ser que está en el desierto. A nivel de símbolo, el desierto se refiere al cambio, a un estar abierto a la trascendencia; su sequedad ardiente se traduce en espiritualidad pura y ascética. Así, ese yo poético observa con agudeza pero sin juzgamiento a su alrededor, mientras va engendrando dentro de sí un nuevo ser. Roxana Méndez, por su lado, nos muestra paisajes internos en "Paseo":

> Dentro de mí me busco
> y solo encuentro
> un bosque de pinares invisibles
> y de invisibles fresnos.

Hay un trozo de tragedia en su poesía aparentemente sencilla, aunque profunda: "Baja desde mi espalda / a mis talones / lo nefasto". También hay lugar para las reflexiones filosóficas:

Toqué la piedra de mil años,
se sumergió mi pie
bajo siete mares distintos,
y aunque me fui
permanecí
en el mismo sitio siempre

("En el margen del cielo")

Mientras tanto, Krisma Mancía se refiere a la pérdida, el dolor y la locura en una serie de poemas que pertenecen a su libro *Fobiápolis*, aún inédito:

Ella no contesta. Ella no atiende las señales de etiqueta.

Un poco de silencio. Unos minutos de silencio.
Necesita respirar. Respirar con la furia de las uñas.
Atravesar la noche con una aguja y de paso llevarse el viento.

La joven poeta Miroslava Rosales nos lleva por el camino del descontento en "pájaro de carbón en lata". Descontento ante una sociedad de consumo, ante la soledad que transmiten los objetos a la venta en un centro comercial, ante el "negocio de lo efímero", en un país, paradójicamente, devastado social y económicamente. Como un canario en una mina de carbón, ese pájaro se asfixia, solo:

en el chillido
soy un pájaro de carbón en lata
sola
en cada pasillo
sola
en el cielo que expande una tarjeta de crédito
templo de plástico en la mano
cielo de plástico y cenizas

Cabe señalar que San Salvador aparece como símbolo de ese malestar existencial. Otoniel Guevara, por ejemplo, en "Ciudad", hace un retrato aterrador de la misma: es un tren con "Vagones apestados de mendigos / Avenidas de

Dante y *Diosmeguarde.*" En ese lugar "brillan las heridas", se ha convertido en "maroma que observamos / con la boca redonda / de sorpresa y de hambre". Y es que San Salvador es un lugar donde sucedieron hechos tremendos y esa marca ha quedado colgando de sus paredes y avenidas. Por ejemplo, la muerte de personas mientras intentaban huir de los disparos y las bombas lanzadas durante el funeral de Monseñor Romero en 1980, hecho al que se refiere "Postales urbanas" de Susana Reyes:

> Antes también ahí hubo sangre
> pieles y ropas.
> Zapatos y gritos
> quedaron haciendo eco en las paredes,
> ahora hay grandes claxons gritando sus verdades

En "Esta ciudad es tan pequeña", Miroslava Rosales también se detiene a hablar de San Salvador, un lugar "sin límites de sangre", "tan caótica como mi vida en fragmentos", "que sabe perfectamente de transacciones y marginalidad". En pocas palabras, San Salvador es un lugar infernal, sin redención, eso es lo que queda en el paladar de los lectores.

Pero no todo es dolor en este libro y no podríamos cerrar este recorrido sin referirnos a la necesidad de comunión que dos poetas plantean desde la rebeldía. El yo poético de Vladimir Amaya en "No soy la sed" pide que repartan la champaña de su cuerpo. Se trata de un cuerpo cansado de querer morir y, en lugar de darse muerte, se aferra a la vida por medio de su entrega total a los demás, ofreciendo su champaña, su poesía: "No soy Cristo, / pero tomen y beban / repártanme entre ustedes". Así como Amaya pide que repartan su cuerpo, Javier Zamora, en "Instrucciones para mi entierro significa Estero de Jaltepec", pide algo similar. Al principio, el yo poético da una serie de instrucciones irreverentes en las que destaca la vuelta a tierras salvadoreñas:

> No se atrevan a quemarme en un horno de metal, quémenme
> en el jardín de mi Abuelita
> y envuélvanme en azul-blanco-azul.

[ a la mierda patriotismo ] Mójenme
en el gin más barato. Cualquier cosa que hagan,
no juzguen mi hogar. […]

[…]    Apúrense hasta llegar al centro
del Estero de Jaltepec. Léan
"Como tú" y lancen trozos de pan.
            Mientras la lancha circula,
abran la petaca
            para que me respiren, para que sea pan,
para que me tomen—después, olvídenme
y déjenme—ahogar.

Así, Zamora nos recuerda que Roque Dalton sigue presente
en nuestra poesía. En "Como tú", Dalton vincula lo estético
no solo con el universo íntimo; el mundo le parece bello,
precisamente, por ese vínculo colectivo que hermana, y es
en este sentido que la poesía es también alimento:

Yo, como tú,
amo el amor, la vida, el dulce encanto
de las cosas, el paisaje
celeste de los días de enero.

También mi sangre bulle
y río por los ojos
que han conocido el brote de las lágrimas.

Creo que el mundo es bello,
que la poesía es como el pan, de todos.

Y que mis venas no terminan en mí
sino en la sangre unánime
de los que luchan por la vida,
el amor,
las cosas,
el paisaje y el pan,
la poesía de todos.

("Como tú", Roque Dalton)

Amaya y Zamora, al lado de Dalton, se ofrecen al mundo como alimento, como bebida, en un acto de comunión.

Vale la pena detenernos en dos poemas que plantean la necesidad de sanación por medio de un rito. En "Duke Ellington, Santa Ana, El Salvador, 1974", William Archila afianza su amor por el *jazz* y brinda una propuesta luminosa: imagina que Duke Ellington se encuetra en una escuela de Santa Ana liderando una clase de música a niños de sexto grado. Gracias al señor Ellington, los niños aprenderán también las rapsodias de Harlem. Él tocará el piano y ellos escucharán. Y es entonces que el poema va un paso más allá al plantear una fantasía: la posibilidad de que el famoso pianista sea el abuelo del yo poético y, además, el compositor de una música nueva, una que acompaña los quehaceres de su pueblo:

> Bien podría ser mi abuelo,
> un niño de Chalantenango—
> con su familia de azul-añil
> proveniente del Caribe hondureño.
> Podría ser él quien componga
> un tono paralelo a Sonsonate,
> un trombón para deslizar hasta las ruedas
> de una carreta, un hombre envejecido,
> sin dientes, halando su maíz.

Esa fantasía cierra con un anhelo superior: que todos, inclusive los más humildes (el campesino desdentado, los niños en las escuelas rurales), conozcan esa experiencia, es decir, el viaje de curación que puede ofrecer el rito del *jazz*, música también nacida en los márgenes:

> Quiero ver la pintura de las paredes despegándose,
> las luces en penumbra, las pistas desapareciendo,
> una trompeta gruñendo
> y mi país escuchando.

El otro poema que alimenta una necesidad de rito para la sanación colectiva es "*allegro vivace*" de Miroslava Rosales. En este, el yo poético se aferra al rito del amor hecho palabra, poesía. Ese amor es dual: tanto puede ser un amor de abril que sabe "al níspero a la miel y la avena al sismo inacabable /al melón que pruebo en un patio de claridad y ternura"; como un amor diluido "en los días de alcohol y cocaína / en la voz de Robert Johnson y los aullidos eléctricos de Ginsberg". En ese vaivén del amor por la poesía, la palabra es "un obelisco que aparece en esta página sin aviso". Al final, la poesía, el arte, es el único lugar posible donde se reconocen las heridas, las propias y las colectivas, expresadas en un rito musical:

> sabes cuánto de mi follaje fue destruido en la guerra
> pero hemos dado en este país por un *allegro vivace*.

En conclusión, no podemos decir que la violencia esté ausente en estas últimas generaciones de poetas. Al contrario, está presente siempre aunque no se hable directamente de ella, porque la violencia heredada continúa palpitando en los átomos de la memoria, en las "dos orillas". Quizá algunos se preguntarán: ¿cómo hacen los salvadoreños para encontrar su camino entre tantos despojos y pérdidas? ¿Se aferran al desencanto o la sombra o pugnan por la memoria, la luz? Imposible ofrecer una respuesta sencilla y será tarea del lector descifrar la complejidad de ese tejido por medio de estos poemas. Lo que sí sabemos es que esta antología podrá servir para romper los estereotipos que se manejan en el exterior sobre los salvadoreños. Asimismo, va más allá de la desgarradora realidad de las maras esbozada en el documental de Christian Poveda, *La vida loca* (2009), o de los mareros de ficción que aparecen en *Training Day* (2001); más allá de la empleada doméstica explotada que aparece en la película independiente *Storytelling* (2001) o de Rosa López, la empleada doméstica que atestiguó en el mediático juicio a O.J. Simpson en los años noventa;

y más recientemente, de Roxana Rodríguez, una monja embarazada en Italia, o de José Salvador Alvarenga, pescador y náufrago que estuvo a la deriva trece meses en el Océano Pacífico pero que al principio no gozó de credibilidad porque su hazaña de supervivencia no convenció a algunos expertos. Roque Dalton no se equivocó cuando en su "Poema de amor" escribió que los salvadoreños son "los siempre sospechosos de todo".

El Salvador, y los lugares de la imaginación que se desprenden de él, es también una tierra de poetas. Vale la pena enfatizar que existe toda una gama de poetas que preceden a los aquí antologados, los cuales han alimentado a sus descendientes, alumbrando nuevos caminos en la poética salvadoreña: Hugo Lindo, Roque Dalton, Alfonso Quijada Urías, Miguel Huezo Mixco, David Escobar Galindo, Lilian Serpas, Claribel Alegría, Carmen González Huguet, Claudia Herodier, son solo algunos nombres.

El pájaro de carbón en lata, imagen creada por Miroslava Rosales para referirse a la asfixia existencial en un lugar donde fluyen esas avenidas de Dante descritas por Otoniel Guevara; ese pájaro, decía, se une a los "Blues del inmigrante" que William Archila y los demás poetas de su lado cantan con nostalgia contenida mientras suena el chasquido de dedos a doble ritmo de Mario Escobar; todos en un juego de máscaras y de continua desnudez, en un ir y venir, un baile, un marcharse y regresar a los innumerables lugares de la imaginación, entre un *allegro vivace* en San Salvador y el ritmo de un Duke Ellington de Chalatenango. Todo por culpa de un pequeño país que ojalá se detenga a escuchar.

*16 de enero de 2014*
Barcelona

Bibliografía consultada

Castellanos Moya, Horacio. *El asco. Thomas Bernhard en San Salvador.* San Salvador: Arcoiris, 1997.

Cortez, Beatriz. *Estética del cinismo: pasión y desencanto en la literatura centroamericana de posguerra.* Guatemala: F&G Editores, 2010.

Huezo Mixco, Miguel. "Mi muerte y Diamanda Galás". *Revista Cultura* 110 (Agosto 2013): 8-12.

PNUD. *Informe sobre Desarrollo Humano El Salvador 2013.* San Salvador: Programa de las Naciones Unidas para el Desarrollo, 2013.

Labrador, Gabriel. "Informe de desarrollo humano dice que las políticas públicas han soslayado las necesidades de la gente". *El Faro* (25 de noviembre de 2013). http://www.elfaro.net/es/201311/noticias/13970/

Vieira Powers, Karen. *Women in the Crucible of Conquest. The Gendered Genesis of Spanish American Society, 1500-1600.* New Mexico: University of New Mexico Press, 2005.

TANIA PLEITEZ VELA

# Canned Coal Bird and The Blues.

## A Dialogue Between Two Shores

In his article, "My Death and Diamanda Galás" (2013) the Salvadoran poet, Miguel Huezo Mixco (1954) explains that during a trip to New York in October of 2004 he made his way to the home of the avant-garde artist known as the *Dark Diva*. Four years previous to their encounter, by coincidence, Huezo Mixco had discovered that the composer and pianist had interpreted one of his poems, "Si la muerte..." during a concert in Mexico City at the Cloister of Sor Juana Inés de la Cruz. He had also learned that in a news article she had affirmed the poet was dead. Putting together the pieces, Huezo Mixco— who spent more than a decade in arms with the guerillas in the mountains of Chalatenango—found out that his poem had ended up in the hands of the artist thanks to a bilingual anthology of Salvadoran poetry edited by Claribel Alegría and Darwin Flakoll, published in the United States, precisely at the same time that this Central American country was in the midst of a civil war (1980-1992). Finally, the poet contacted Galás and told her that no, he was not dead. Many emails followed until they finally agreed to meet at the house of the pianist in New York's East Village. It was an unforgettable encounter for Huezo Mixco, "Our time was up. We said goodbye. She said 'muchas gracias' in her Spanish, and so did I in my English. In a few decades these two languages will merge and give our poetry a new kind of splendor. You'll see." (2013, 12) The poet was not wrong.

Eight years after Huezo Mixco and Galás' encounter, at the beginning of 2012, I received an email from Alex and Lucia, directors of Kalina, asking if I'd like to collaborate as editor of a bilingual collection that would gather the work of contemporary Salvadoran poets, residents of "both borders," El Salvador and the United States, poets that write in Spanish and in English. Both Alex and Lucia were born in El Salvador but they emigrated when they were young, just as the armed conflict initiated. Decades later they returned to El Salvador and even today they carry with them the sense of divided identities, of estrangement.

I remember how in our Skype conversation a few days after receiving the email they expressed a sense of urgency to carry out the project. It was clear to me they were passionate about the project because it would give them a sense of belonging, not to a country, but to a non-location, an imagined place rooted in poetry. I identified with them because I am also, let's say, stateless: I left El Salvador almost twenty-five years ago and I've lived in California, Costa Rica and Spain. So considering all this, I accepted the challenge of editing this collection.

During these two years (Alex and Lucía in El Salvador and I in Barcelona), we selected the work of eighteen poets and, later, a group of expert translators joined our team. Why did we select poets that were born after 1960? We are interested in reflecting the poetics of those that were children or adolescents during the war, those that were born during this time of conflict, and the immigrants and children of the diaspora. We want to showcase the work of poets that are marked by the war in one way or another, those that carry with them the consequences of that era. These poets live out the questions that surged during that strained postwar period.

With all of these considerations in mind, our goal was to establish a transnational poetic dialogue, from a pioneering perspective, that would document the contemporary off-shoots of Salvadoran poetry. With that in mind, the name Kalina is a blend of two Nahuat words: *kal* means house, and *ina* expression: "house [of] expression." This anthology aims to define that house and propose it as a space where the traditional concept of "national poetry" gives way to the diverse identities that coexist in the poetic landscape of the imagination.

The poets who emigrated and write in English still retain their ties to their fatherland, their childhood homes, the memory of a country that is both blurry and unmistakable. As readers can verily prove, the poems reflect a pervasive sense of Salvadoran history and culture, a sensitivity that seems to travel like an omnipresent ant, albeit tiny but persistent, across a wide map of emotions. Sometimes the ant bites, other times it does not. Language becomes an intermediary space for reconciliation between the foreign, the novel and the "national" tradition. Thus, all of the anthologized poets, though they may originate from different borders, be they men or women, become residents of the same landscape. They inhabit poetry, a space where there is not a single poetic (or binary opposition); rather it is a place where several poetics can coexist: different ways of living and inhabiting a language, making a statement whether political, social, individual or existential. Nuances, textures, projections and varying perceptions that explore what it means to be human, that glean the history of vulnerability and strength, that define more than just a country. *Kalina: Theatre Under My Skin* then becomes a document that citizens of any nation can identify with, in particular those that have had to live in a state of violence—be it social, gender-based, or emotional.

INTERWOVEN THEMES
After several readings of the manuscript we were able to identify various layers, recurring images—footprints that follow each other—and avenues of language that, in their intent to recreate a pluralistic portrait of the human condition, cast a similar yet distinct light on those "from this side" and those "from that side."

The first section of the collection, titled *"Fobiápolis/ Phobiapolis"* after Krisma Mancía's unpublished manuscript, evidences the state of mind of contemporary

Salvadoran society. The poets from "this side" inherited a country devastated by civil war, a poor country broken by the excesses of polarization, a country that continues to be classist, exclusive, *machista* (chauvinist). Precisely for these reasons, politics continues to have a strong presence in contemporary poetry, and writers are constantly searching for new avenues to address political issues. For example, violence continues to be present in poetry, but the manner in which it is approached is very different from the way it was portrayed in the 80s. Contemporary writers create a renewed form of literature that is in sync with the political commitment, but more diverse. This new commitment does not impose a social or political revolution as it tended to in the 50s through to the 80s—not to imply that this was the only theme present in literature during those decades but it was ever-present in the poetic dialogue since literature had become the primary medium of expression of a country oppressed by social injustice.

This tendency relates to the events of 1932; on January the 22nd of that year a massive uprising of the working class led by Farabundo Martí was suppressed by the national armed forces in a matter of days. The event came to be known as La Matanza; some tally up to 30,000 dead—though official data records the loss of 10,000. Following that date, El Salvador continued to be (for the most part) governed by military officials, sometimes challenged by coup d'états, but always falling back into a dictatorial government. It was logical then that most Salvadoran poetry called out for revolution. Evoking this need, certain poets stand out: Pedro Geoffroy Rivas, Oswaldo Escobar Velado, Matilde Elena López and the poets of the "Generación Comprometida" (The Committed Generation), including Roque Dalton, Roberto Armijo, Manlio Argueta, José Roberto Cea, Ítalo López Vallecillos and Alfonso Quijada Urías, among others. Many poets born in the 50s escaped to clandestine locations during the civil war and from there they wrote or edited books; such is the case of Alfonso Hernández, Amada Libertad, Lil Milagro Ramírez, Miguel Huezo Mixco and Róger Lindo. When the Peace

Accords were signed in Chapultepec, Mexico on January the 16th, 1992 El Salvador entered a new postwar period that was characterized by an initial enthusiastic phase, soon followed by a general disillusionment. Beatriz Cortez in her book *Estética del cinismo: pasión y desencanto en la literatura centroamericana de posguerra* discusses postwar regional disillusionment and how it was reflected in literature.

Poets today continue to write about the human rights of those living in marginal conditions, for example, women, victims of violence, and immigrants. Many writers, themselves, experience their lives as outsiders. All of these political agendas couple with an artistic vision. The war was an extreme circumstance that practically closed down the possibility of exploring other agendas. But now those avenues are ample and vibrant. Clearly, they are not the same political agendas but they give voice to new poetic subjects that represent the living conscience of the poets' time and place. These Salvadoran poets address both an individual and collective remembrance, as reflected in their memories scarred by atrocious events, penetrating observations, philosophical reflections, surreal images, pain incarnate, all of which create the foundation of the current Salvadoran poetic.

In the second section, titled "Immigration Blues" after William Archila's poem, the poets from "that side" logically echo their condition as immigrants or status as children of diaspora. What reverberates among the common themes is the inter-relationship with the foreign culture, marginality and the duality of living "in the middle." El Salvador functions as backdrop for this hybrid existence, and of course there is the treatment of women—marginalized among the marginalized. Some of this is explored in "The Salvadoran Diaspora in the United States," the essay written by Ana Patricia Rodríguez.

The collection opens with "Signs of Identity" by René Rodas, a poem dedicated to Horacio Castellanos Moya. It begins:

"You know why I came to Canada?" and so establishes a literary dialogue with Edgardo Vega, the now famous main character of Castellanos Moya's novel, *El Asco. Thomas Bernhard en San Salvador / Revulsion. Thomas Bernhard in San Salvador,* (1997). Vega affirms the following:

> ...that's why I took off to Montreal, years before the war started, I didn't leave as an exile, not because I was hoping for better economic conditions, I left because I never accepted destiny's macabre joke of being born in this land, Vega told me. Afterwards, thousands of sinister and stupid characters also born in this country showed up in Montreal, they were fleeing the war, seeking better economic conditions.

*[Unoffical translation by Alexandra Lytton Regalado.]*

While in that novel Vega launches a diatribe against El Salvador—its national mentality and customs—in Rodas' poem the Salvadoran immigrant still identifies with his original culture. Although he has made his life in Canada, Rodas' speaker retains his "signs of identity." He continues to repeat the culture of violence based on the ostentation of power. The immigrant of Rodas' poem is no longer the poor soul that has just arrived in Canada without a cent in his pocket; he is the proud owner of a fully-loaded Cherokee, just like the cars driven by those that boast power in El Salvador ("a brass hat or some big shot money-bag"). Rodas' immigrant believes he is "better" because he's plant manager and he "tightens the screws on the machinists."

It's no secret: in El Salvador the abuse of power and inequality is pervasive. The 2013 Human Development Report by the United Nations Development Programme (UNDP), for example, emphatically highlights the persistence of cultural discrimination in El Salvador. In that same report, an analysis of Salvadoran employment over the last 30 years, proves that two out of three Salvadorans have found employment in the United States. Thus the logic is: to find work one must emigrate. "Consider a country that has, in the last three decades, lost an average of 60,000 inhabitants per year; a country where two out of three households lack basic services, such as water or electricity, and where people have been seen as a means to increase wealth rather than the priority of public policy." (Labrador, 2013) In summary, Rodas' poem appears to highlight the fact that although Salvadorans emigrate, some still carry with them those signs of identity, those terrible but human features of their native culture.

Contrastingly, the "signs" apparent in the poems of Otoniel Guevara refer to the heartbreaking violence seen from two perspectives. His poetic "I" negates the possibility of ever forgetting the murders perpetrated by the death squads by evoking the loss of a specific person: "If at least you gave me one sign, / who knows: a garden / where history grows:" ("Sign"). Here, the poet establishes a parallel between the collective "we" of history and the flowing tide of the river Lempa: "The river waves goodbye with its mutilated hand... / The river overflows and leaves us empty, / mumbling ashen words," ("Closing Speech in a Crackling Tone"). Guevara was detained and tortured during the civil war; he was one of those few fortunate ones that made it out alive.

William Archila follows suit with his attempt to examine violence by transferring the reader to a surreal landscape in "The decade the country became known throughout the world." But this surreal tinge does not mean·that the images are separate or isolated from the violent reality that caused them. Rather, Archila adopts a dreamy tone because there seems to be no other coherent manner of understanding the source of the violence:

> No one knows exactly how
> a light film of ash appeared
> on everyone's eyelids
> > early in the morning
> or how trout and mackerel plunged from the sky,
> twitched, leaped through the streets.

Mario Escobar, in his "Postwar Syndrome," uses a theatrical recourse in order to exorcise, on a day to day basis, the existing wounds: "welcome to the theatre / under my skin / tragedy in the nude / agonizing breath / wounded / stained I am." Another way of examining those wounds is reflected in the poems of Elsie Rivas Gómez, who traveled to Chalatenango with a group of students from the University of Santa Clara many years after the massacre of the Sumpul river. In her poem "The Stations" she reminds readers that the past remains very much alive in the collective psyche; the speaker of the poem describes sketches rendered by students from a small town in Chalatenango. One image in particular captures her attention:

> I stare at the black and white image
> of a woman whose body is laced
> with barbed wire, her eyes open
> and silent. Her nipples missing,
> blood flowing back to the ground.

The past rendered as a tangible present, a historical sketch crystalizes, comes alive. And nevertheless, it is through a sketch that the townspeople chose to express their grief. It is a tired, restrained cry; depleted by agony. A voice that calls back to Otoniel Guevara's "The river no longer laughs. Our mouths shut." ("Closing Speech in a Crackling Tone"). Rivas Gómez' testimonial poems included in her chapbook *Swimming* in the Río Sumpul (2004) focus on her particular experience, a precise moment in that rural landscape without imposing any sort of ideological slant. Originating in a country characterized by its polarity, her collection signals not only a fresh start, but a revelation.

The aforementioned themes combine with other agendas such as the migratory experience reflected in the work of Quique Avilés ("My Tongue is Divided into Two" and "Room Without Touch Ups"), William Archila ("Immigration Blues, 1980" and "Clandestine Territory"), José B. González ("Sociology 101: Essay on Illegal Immigration") and Javier

Zamora ("Immigrating is Loving Two Women"). The origin of these themes is explored in the essay by Ana Patricia Rodríguez. But as René Rodas assures us in "Daughter of Demiurge," migration is a human experience occurring throughout the ages and in all cultures. Immigrants are the children of the daughter of a demiurge. Who is the demiurge? According to platonic philosophy, the demiurge is the creator, the one who establishes order in the world. It is said that in the beginning there was only chaos, an indeterminate mass. The demiurge looked upon the disorder and decided, with great confidence, that he would do something good with it. But if we follow Rodas' proposal we see that the demiurge created a chaotic city, an *aleph*, a contemporary Babel:

> The lesser god looked upon his work with resignation and hastily opened the doors. The city was invaded by generations of hippies, punks, and young goths crawling from every corner of the country in search of culture, freedom and oblivion, and not necessarily in that order. They arrived with tom-tom drums (and the lions grew restless at the call of the hunt). Then immigrants arrived with falafels, zoological calendars, the crescent moon and the promise of their daughters, dead and wandering languages, won-ton soup, songs, swindlers, smoked meat, nostalgia and pupusas.

This selection evidences the immigrants' inevitable experience not only of duality but also of plurality, of being split in two while inhabiting a place that contains many worlds. In "miyamidosaeme" Gabriela Poma Traynor steps up to the challenge of addressing that plurality by utilizing regional linguistics; though the poem refers to an unsuccessful love relationship, the speaker shows an innate poetic confidence and sense of belonging to a particular place, where Central Americans and Caribbeans intermingle in the exuberance of Miami. The poem celebrates regional Spanish tendencies that occur when immigrants come to live in a new place and captures perfectly the concept of being "in the middle."

Another theme related to migration relates to the children that are left with grandmothers or other family members, the "forgotten children." José B. Gonzalez, in "Scene from *Los olvidados*" addresses the movie by Luis Buñel and describes the feeling of abandonment that permeates their childhood:

> Forgotten (children).
> My grandmother tightens her hands
> Around mine when the gang of children robs
> A blind man. Forgotten children. To forget
> Is to leave a pencil behind, to leave
> A house door open, to leave a light
> On inside a house. Forgotten are names,
> Numbers. They are accidents of the mind.
>
> My parents crossed when I started losing
> Teeth. My memory of them is broken, chipped
> Away. Neighbors used to tell me that they
> Would come back with a bicycle, that
> They would ride back from a northern sky.
>
> Then the talk of returning stopped.

The theme of abandonment and loss recurs in "Phone-Calls" by Javier Zamora. Here, the speaker adopts the voice of a child who is resentful toward his mother: upon hearing her voice over the phone he says, "I don't like it when she calls." It bothers him that she does not even know which toys he likes: "I don't like it when she calls me Super Mario." This resentment signals a need for tenderness:

> I wish it rained and rained up there
>     so she knows bed-sheets flooded
>     and dogs didn't bark when Hurricane Mitch
>     whispered there there like she used to.

The question of gender is also a recurrent theme in this collection. Elena Salamanca amazes us with her three poems, "On the Myth of Santa Tecla," "Still Life with Sor

Juana," and "Sor Juana Vomits Her Dinner." The first
poem portrays a masterful transgression of the myth—the
famous saint did not burn in the pyre, nor did the lions
or alligators eat her when she was cast into the pit as it
was said during the times of Christian persecution. In
Salamanca's poem the saint is reflected as a willful woman
that does not think twice about cutting one hand, then the
other, then all the hands that spring from her wrists—
symbolizing a denial to obey a man that treats her like a
slave, like an object. Salamanca's other poems are from a
series titled "Sor Juana Stands Before the Mirror," included
in her book *Peces en la boca / Fish in the Mouth* (2011).
In these poems Salamanca identifies with Sor Juana Inés
de la Cruz, a Hispanic literary feminist precursor; the
poems serve as a mirror to construct a new female identity
willing to challenge prescriptive patriarchal attitudes.

Leticia Hernández-Linares in "La Pelona (Bare, Uncovered,
Unfeminine, Bald, Bald, Bald)" creates a portrait of the
violence that has been perpetrated against women since
Colonial times, a historical violence analyzed by Karen
Vieira Powers in her book *In the Crucible of Conquest:
the Gendered Genesis of Spanish American Society, 1500-
1600*. In fact, this poem is based on the historical characters
mentioned in *When Jesus Came, the Corn Mothers Went
Away* (1991) by Ramón Gutiérrez. Although the latter has
been criticized by Puebloan scholars, Hernández-Linares
uses a confident voice and imagistic language to reflect a
powerful portrait of women:

> Phantoms tickle and taunt, make you wonder if
> my braids are circling
> your arteries, betrayed locks that tease the skin
> behind your arms.
> Laughing, I am busy tying together survival songs.

Without a doubt, the poet's objective is to visualize the
lives of these women and how those experiences might
still be present to this day: "cuentos / no one ever inked

noted how with her head at his feet, he wiped / the blade with her tresses." She elaborates on this theme in "You Are Here". In this poem the speaker tries to recover her life after experiencing domestic violence.

Elsie Rivas Gómez' poems reflect the strength of the women who lived through the war; we see this through the daily, mundane activity of doing laundry. The speaker of the poem, a woman who has traveled to Chalatenango, washes her bloodstained panties on a river rock. One of the local women helps her and the speaker, deeply moved, explains: "She is accustomed to the smell of blood under her nails, / knows that life springs from the deepest wounds."

Jorge Galán also relates an unforgettable scene in "The Game." Here, young men hidden in the branches of a tree observe a beautiful woman bathing in the river; they are spellbound. The end of the poem cuts like a blade: "Seconds later she disappeared round a nearby hill / and seconds after that we saw the three shadows / of three men chasing her... / and the night fell from our eyes." The poems of Galán, Elsie Rivas Gómez and Leticia Hernández-Linares rescue the "small" stories of women frequently left out of official history.

The elegant poems of Susana Reyes also touch upon women's issues; "Surviving Silence" addresses unspoken desires, and "Album of Girls with Grandmother" reflect how the constant heartbeat of passion and quiet observation can assuage the tedious repetition of every day. Feminine resistance is also reflected in the rebellious tone of Lorena Duarte's "Flint Tongue" and in its hybrid and irreverent language:

An urgent tongue
Made of words that are piercing
Made for words that are piercing
A biting tongue, a bitten tongue
A tongue made for lashings
And for pleasure.

Alienation, existentialism and abstraction are also important themes in this collection. René Rodas' poem "The Road" portrays a man in the desert; symbolically, the desert refers to change and being open to transcendence. The arid desert translates into pure and aesthetic spirituality. Rodas' speaker describes his surroundings without any sense of judgment and by the end of the poem one senses a transformation. Roxana Méndez also employs the description of internal landscapes in her poem "The Walk":

> I search within myself
> and find only
> a forest of invisible ash
> and invisible pine.

Though her diction is simple, the poem's sentiment is quietly profound: "From my back / down to my heels, / disaster sinks." In her poem "In the Margin of the Sky" she allows for philosophical reflections:

> I touched the stone of a thousand years,
> I plunged my foot
> into seven different seas,
> and though I left
> I remained
> always in the same space,

Krisma Mancía refers to that sense of loss, pain and madness in a series of poems from her unpublished manuscript *Fobiápolis / Phobiapolis*:

> She doesn't answer. She pays no attention to the rules of etiquette.
>
> A little silence. One moment of silence.
>
> She needs to breathe. Breathe with the fury of claws. Pierce the night with a needle and in passing carry off the wind.

The young poet Miroslava Rosales takes us through the path of discontent in her poem "canned coal bird." Discontent with the consumer society, the loneliness of the objects offered for sale in a shopping mall, with "this trade in the ephemeral," and the paradox of being discontent with a country that is socially and economically devastated. Like a canary in a coalmine, the bird asphyxiates itself:

> inside the screech
> I am a canned coal bird
> alone
> in every aisle
> alone
> in a sky that spans a credit card
> plastic temple in the hand
> sky of plastic and ash

The poems of this collection demonstrate how the city of San Salvador is a symbol of this existential affliction. Otoniel Guevara, for example, in "City" creates an image of a train with "Boxcars stinking of beggars / Avenues of Dante and *Diosmeguarde*." "Wounds glimmer" in this city that has become "a tightrope we observe / mouths round / with surprise and hunger." The city of San Salvador has been witness to horrifying events that have stained its walls and avenues. Susana Reyes refers to a particular event in her poem "Urban Postcards." She recalls images of people ducking for cover during the shootings and bombings that occurred at Monseñor Romero's funeral in 1980:

> Here there was once blood
> skins and clothes.
> Shoes and cries
> still echo on walls,
> now there are great horns shouting their truths,

In "This City is So Small" Miroslava Rosales also pauses to describe San Salvador as a place "that shows no limits for blood," "as chaotic as my shattered life," "who knows all about transactions and marginality." In short, readers can come to understand San Salvador as an infernal place, without redemption.

But not all the poems in this collection are about pain; the contemporary Salvadoran poets included in *Kalina* also point to a need for communion, albeit with a rebellious tinge. The speaker in Vladimir Amaya's "I Am Not the Thirst" asks that the champagne of his body be shared as a form of communion. His is a body tired of wanting death, and rather than giving in to death, it grips firmly to life by renouncing himself completely, offering his champagne, his poetry: "I am not Christ, / but take of me and drink, / divide me among yourselves." Just as Amaya's speaker offers to share his body, Javier Zamora's speaker in "Instructions For My Funeral Means Estero de Jaltepec" requests something similar. At first the speaker provides a series of irreverent instructions that will return him to El Salvador:

> Don't you burn me in no steel furnace, burn me
>     in my Abuelita's garden
> and wrap me in blue-white-and-blue.
>     [ a la mierda patriotism ] Douse me
> in the cheapest gin. Whatever you do,
>     don't judge my home. [...]

> [...]    Scud to the center
>     of the Estero de Jaltepec. Read
> "Como tú" and toss pieces of bread.
>     As the motorboat circles,
> open the flask
>     so I'm breathed, so I'm bread,
> so I'm drunk—then, forget me
>     and let me—drown.

Zamora reflects how Roque Dalton remains alive in our poetry. In his "Como tú / Like You" Dalton reminds us that the aesthetic is not only linked with the intimate universe;

the world is beautiful because of the collective link that unites us, and reminds us that poetry is also a form of sustenance:

> I, like you,
> love love, life, the sweet smell
> of things, the sky-blue
> landscape of January days.
>
> My blood also boils
> and I smile through eyes
> that have felt the buds of tears.
> I believe the world is beautiful,
> that poetry, like bread, is for everyone.
>
> And that my veins don't end in me
> but in the unanimous blood
> of those who struggle for life,
> love,
> little things,
> the landscape and bread,
> the poetry of everyone.
>
> ("Like You", Roque Dalton)
> [*Unoffical translation by Alexandra Lytton Regalado.*]

Amaya and Zamora, much like Dalton, offer their poems to the world as food, as drink, as an act of communion.

Two poems in this collection also focus on the concept of poetry as savior by way of ritual. In "Duke Ellington, Santa Ana, El Salvador, 1974" by William Archila, the speaker declares his love of jazz and offers a brilliant proposal: he imagines Duke Ellington teaching a sixth grade music class in a Santa Ana school. Thanks to Mr. Ellington, the children can also learn Harlem rhapsodies. He will play the piano and they will listen. But the poem takes the fantasy one step further; what if the famous pianist were the grandfather of the speaker and he composed a new music to accompany the daily comings and goings of their town:

He could be my grandfather,
black boy from Chalatenango
indigo-blue family
from the Caribbean through Honduras.
He could be the one to write
a tone parallel to Sonsonate,
a trombone to roll to the wheels
of a cart, the wrinkled man,
toothless, pulling his corn.

His fantasy ends with his deepest wish: that everyone, even the most humble (the toothless campesino, the kids from the rural schools), would be able to experience the path of salvation offered by the ritual of jazz, a music also born in a marginal space:

I want the cracked paint to peel off the walls,
lights to go dim, floors to disappear,
a trumpet to growl,
my country to listen.

The other poem that calls out for a collective healing ritual is "*allegro vivace*" by Miroslava Rosales. Here, the speaker stakes a claim to poetry as ritual, love transformed into word. That love is dual: it refers to a love like April that tastes of "níspero honey and oats like an endless earthquake / like melon in a courtyard of clarity and tenderness"; like a love diluted "in days of alcohol and cocaine / in the voice of Robert Johnson and the electric howls of Ginsberg." In that interplay between love and poetry, the word becomes "an obelisk that appears on this page without warning." In the end, poetry, art, is the only place where one can heal the wounds, individual and collective, and express that healing through a musical ritual:

you know how much of my foliage was felled in the war
but in this country we come to an *allegro vivace*.

We cannot say that violence is absent in these new generations of poets. On the contrary, it is present even if it is not outwardly expressed, because the violence they inherit continues to live in the atoms of memory, across the "two borders." Perhaps some of you will ask: how is it that Salvadorans find their way in the midst of all this deprivation and loss? Do they accept the disillusionment that shadows them or do they strive for memory, light? A simple response is impossible. It will be up to the reader to decipher the complexities of that interwoven existence through these poems. What we do know is that this collection serves to challenge Salvadoran stereotypes. Likewise, these poems go beyond the heartbreaking reality of gang life in Christian Poveda's documentary, *La vida loca* (2009); or that of the fictional gang members portrayed in *Training Day* (2001); more than the exploited domestic employee that appears in the independent movie *Storytelling* (2001) or Rosa López, the domestic employee that testified in the O.J. Simpson trial in the 90s; and recently, Roxana Rodríguez, the pregnant nun in Italy, or José Salvador Alvarenga, a fisherman and castaway who survived thirteen months adrift in the Pacific though some experts questioned his account. Roque Dalton was not mistaken when he wrote in "Poema de amor / Poem of Love" that Salvadorans are "the-always-suspected of everything."

El Salvador, and all the other places of the imagination that branch from this country, is also a land of poets. A whole array of poets precedes those anthologized here, and they have given sustenance to their creative descendants, cutting new paths for Salvadoran poetry: Hugo Lindo, Roque Dalton, Alfonso Quijada Urías, Miguel Huezo Mixco, David Escobar Galindo, Lilian Serpas, Claribel Alegría, Carmen González Huguet, Claudia Herodier, among others.

The canned coal bird, an image created by Miroslava Rosales, refers to the pervasive existential asphyxiation that is choking the city's avenues of Dante as described by Otoniel Guevara. That bird comes together with William Archila's "Immigration Blues" and the nostalgia of which so many of the other poets sing; they all snap their fingers in double time to Mario Escobar's dance. Together they perform a masquerade, disrobing their true selves as they sway; they leave and return to the innumerable places of the imagination, between the *allegro vivace* of San Salvador and the rhythm of Chalatenango's Duke Ellington. Hopefully, we will stop and listen.

*January 16, 2014*
Barcelona

*Translation by Alexandra Lytton Regalado*

**Works cited**

Castellanos Moya, Horacio. *El asco. Thomas Bernhard en San Salvador.* San Salvador: Arcoiris, 1997.

Cortez, Beatriz. *Estética del cinismo: pasión y desencanto en la literatura centroamericana de posguerra.* Guatemala: F&G Editores, 2010.

Huezo Mixco, Miguel. "Mi muerte y Diamanda Galás". *Revista Cultura* 110 (Agosto 2013): 8-12.

PNUD. *Informe sobre Desarrollo Humano El Salvador 2013.* San Salvador: Programa de las Naciones Unidas para el Desarrollo, 2013.

Labrador, Gabriel. "Informe de desarrollo humano dice que las políticas púbicas han soslayado las necesidades de la gente". *El Faro* (25 de noviembre de 2013). http://www.elfaro.net/es/201311/noticias/13970/

Vieira Powers, Karen. *Women in the Crucible of Conquest. The Gendered Genesis of Spanish American Society, 1500-1600.* New Mexico: University of New Mexico Press, 2005.

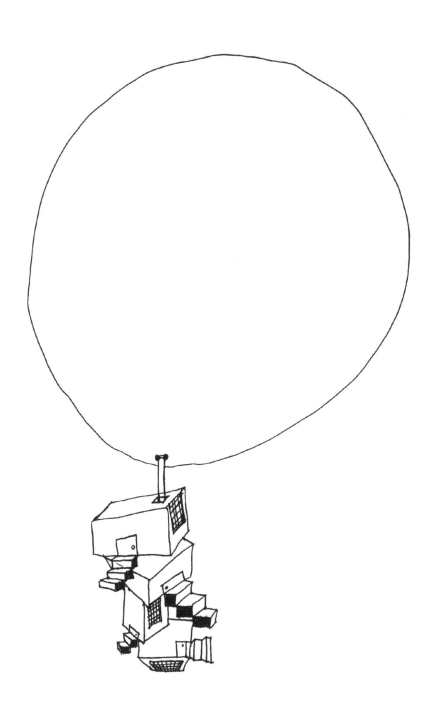

"MODELO PARA VIVIR"
Natalia Dominguez. *Tinta sobre papel.*

# Breve nota sobre el proceso de traducción

---

# A Brief Note on the Process of Translation

¿Cómo trasladar la fuerza de un poema a otra lengua? ¿Qué hace que una traducción sea buena? Como dicen, la traducción es el arte de la pérdida, y decimos pérdida porque se sabe que, en aras de trasladar nítidamente un mensaje y, además, respetando una estética, los giros del lenguaje, la ironía, intentando causar el mismo impacto del poema original, siempre hay algo que se sacrifica.

Aún sabiendo que la pérdida era algo inevitable, quisimos ser fieles a las voces de los poetas, a su estilo y musicalidad. Ese pequeño vacío que han dejado las pérdidas –cuando teníamos que tomar decisiones, de sí utilizar la palabra literal o buscar alternativas, etc.–, en lugar de decepcionarnos, nos recordó que la vida es eso: negociación, compromiso. Con el fin de ser fieles al espíritu de cada poema, tuvimos que ser desleales a la literalidad, a la traducción "exacta". Más que traducción en el sentido estricto, lo que se hizo fue una interpretación o una adaptación a otra lengua de mapas emocionales e intelectuales. Gracias a ello, lectores anglófonos o que conocen el inglés (y no el español), podrán conocer un pedazo de poesía salvadoreña. Entonces, podemos decir que la traducción, desde esta perspectiva, también es el arte de la ganancia.

Con el propósito de asegurar la fidelidad que mencionamos arriba creímos necesario involucrar al mayor número de traductores posibles, para que en la otra lengua los lectores también identificaran la variedad de estilos, texturas y matices. Puesto que cada traductor vive, de hecho, un proceso creativo propio en esa búsqueda de las palabras y de los sentidos acertados, al tener varios, se evitó la imposición de un solo estilo (cada traductor también tiene su "estilo"). Es decir, se evitó una probable uniformidad en los textos traducidos. A lo largo de todo este proceso, traductores, poetas y editores estuvimos en constante comunicación.

Por citar algunos ejemplos, vale la pena mencionar los casos de René Rodas, Quique Avilés y Leticia Hernádez-Linares. En "Señas de identidad", Rodas plasma la jerga salvadoreña con palabras como *cachuchudo*, la cual se refiere a un militar de alto rango. Así, se consideró que su traducción más apropiada era *brass hat* aunque se tratase de una expresión un tanto anticuada y, quizá, más británica que norteamericana. Quique Avilés, por su parte, es un poeta y artista *performance*, por lo tanto su traducción (él mismo la realizó) intenta trasladar ese tono performativo. Su versión en inglés de "Mi lengua está partida en dos" finaliza con los versos "I like my tongue / it says what feels right", pero en español más bien se decidió por este final: "ah qué lengua esta / dice cosas sabrosas", pues es así como Avilés imagina que lo diría un salvadoreño. Por último, en "La Pelona" de Hernández-Linares (poema que se detiene en historias de mujeres que han sufrido actos de violencia propiciados por hombres) resultaba difícil, por no decir imposible, trasladar los pronombres posesivos *his* y *her* al español, ya que en este solo existe el pronombre *su*, sin definición de género. Por esta razón, se eligieron las mayúsculas para diferenciar a los sujetos masculinos (Su, Pecho), ya que representan al poder patriarcal, y las minúsculas para los sujetos femeninos.

How to transfer the force of a poem to another language? What makes for a good translation? Some have said that translation is the art of loss—because when the goal is to transfer the precise meaning of a poem while simultaneously respecting an aesthetic, the elasticity of language, or the irony some creative aspect will be sacrificed. When the intention is to offer translated verse that will hold the same power as the original poem, it is inevitable that there will always be some kind of loss.

So, we chose to be loyal to the voices of the poets, their style, and their musicality. The small vacuum created by the inevitable loss—when we had to decide whether to use the literal word or find an alternative—did not frustrate or disappoint us. Instead, those struggles reminded us that life is just that: negotiation, compromise, a constant effort to find common and inspiring ground. As we tried to be faithful to the spirit of the poem, we took liberties in terms of the literal, "exact" translation. We interpreted or adapted the poems to another language according to emotional or intellectual guideposts. Because of this process, English-speaking readers can now sample a taste of Salvadoran poetry. In that sense, the art of translation also offers a healthy share of victories.

In order to guarantee the aforementioned faithfulness, we thought it necessary to enlist many translators in this project. We hoped that this array of voices would give readers a way of engaging with the wide range of styles, textures, and forms presented in this collection. Since each translator experiences a personal creative process as he or she searches for the right words to express the poet's intentions, each translator also manifests a singular style. And these varied approaches allow for a personalized interplay between poet and translator, while avoiding the probable uniformity that a single translator might have imposed on the collection. Throughout the process, translators, poets, and editors were in constant communication.

Examples of this negotiation are reflected in the poems of René Rodas, Quique Avilés and Leticia Hernández-Linares. In "Signs of Identity," Rodas uses Salvadoran diction, such as 'cachuchudo,' slang for a person of high military rank. The most appropriate translation was 'brass hat' although perhaps a little retro and more common in British slang. Avilés is a performance artist and his auto-translation reflects his personal preferences. The final lines of the English version of "My Tongue is Divided in Two" reads "I like my tongue / it says what feels right," but in the Spanish version he preferred a different closure: "ah qué lengua esta / dice cosas sabrosas." In Hernández Linares' "La Pelona," which narrates the stories of women who have been physically abused by men, it was impossible to translate the pronouns 'his' and 'her' since Spanish grammar utilizes only the non-gender specific 'su'. To differentiate, capital letters were assigned to the male references ('Su', 'Pecho', to reflect power in the patriarchal sense) and lowercase letters were used for the female references.

# "Fobiápolis"

---

# *"Phobiapolis"*

# RENÉ RODAS (1962)

## Señas de Identidad

*a Horacio Castellanos Moya*

"¿Sabés por qué me vine a Canadá? Porque quería una cheroqui. No te digo que trabajo como negro, porque no soy racista y porque los negros son unos güevones. De operario de máquina fui subiendo hasta jefe de planta. Cuando he tenido que bajar la cabeza, la he bajado, a vos no te voy a dar paja. Horas extras pagadas como normales, turnos de noche, fines de semana. Ahora soy yo el que le soca las tuercas a los operarios. La Roxana también le ha hecho güevo, no creás. Y todo para tener yo mi cheroqui y ella su televisorsote del tamaño de una cobija. ¿Te acordás cuando aparecía una cheroqui en la esquina y pasaba despacito, con los vidrios ahumados, a la par de uno? Si al que llevaban adentro se le ocurría señalarte con el dedo, era cosa de ponerte a contar cuántos minutos te quedaban. O cuando pasaban tres o cuatro hechas un cuete, escoltando a algún cachuchudo o a un viejo rico, ¿te acordás? Se cagaba uno del miedo, brother, decíme si no. Primero me conseguí una usadita. Después he podido pagarme la del año. La que tengo ahora es esa que ves allí, edición limitada, con su antenita del teléfono en el techo y todos los gadgets. ¿Qué decís, brother, nos echamos la otra, o querés que vayamos a dar un vueltín? Ahí está la cheroqui, que sólo es ganas."

## Signs of Identity

*for Horacio Castellanos Moya*

"You know why I came to Canada? Because I wanted a Cherokee. I'm not going to tell you I worked like a slave because I'm no racist and besides blacks are lazy. From machinist I worked my way up to plant manager. When I needed to bow my head, I bowed my head, I'm not going to lie to you. No extra pay for overtime, night shifts, weekends. Now I'm the one that tightens the screws on the machinists. And don't think Roxana hasn't worked her ass off either. All this so I can get my Cherokee and she can have her television set the size of a blanket. Remember when the Cherokee with tinted windows passed us slowly and creeped around the corner? If it even occurred to the passenger to point a finger in your direction it was only to let you to know your minutes were counted. Or, when three or four of them rocketed by, escorting a brass hat or some big shot moneybag, you remember? You were shitting bricks, brother, isn't that right? First, I got myself a used one. Then, I scored that year's model. The one I have now is that Limited Edition over there with a little telephone antenna on the roof and all the gadgets. What do you think, brother, should we have another shot, or take it out for a spin? There's the Cherokee, all revved up."

*Translation by Keith Ekiss*
*in collaboration with Alexandra Lytton Regalado and Lucía de Sola*

# Hija de demiurgo

Un diosecillo menor trazó sus calles y puentes y arboló sus parques en un solo día —era primerizo, tenía afán—. A falta de mar, se agenció un río y del río una isla, cuatro leones verdes de segunda mano, un canal que no conduce a China. Elevó mercaderes a condición de héroes patricios, saqueó pueblos vecinos hasta conseguir cientos de iglesias de cultos y estilos surtidos, amputó de su pasado la lengua de Versalles y se la metió en la boca a los desmemoriados vecinos, montó escaleras exteriores en cada casa para que se enamoraran los bomberos y para que las hijas de sus calles derramaran por ellas la cascada azul de su eterno celo.

Le sobraron silos, borrachos, plazas, temerarias adolescentes empujando carriolas —y ellas son las primeras en ignorar si empujan una criatura o un muñeco—, ciclistas del Money Express, perritos cagones, edificios a media obra, motociclistas enajenados, y los fue tirando donde más estorbaran. Le faltó sereno, le faltó sol: contrató asesores extranjeros. En cuanto a lo primero, no le alcanzó el presupuesto o la imaginación. De lo segundo, le dijeron: "Algo tendrán de vez en cuando, pero la mayor parte de sus días el sol será un lejano rumor."

El diosecillo vio su obra con resignación y abrió presuroso las puertas. La ciudad se vio invadida por generaciones de hippies, punkies, jóvenes góticos, salidos de todos los

## Daughter of Demiurge

A lesser god sketched the city's streets and bridges and forested her parks in a single day—he was young and eager. Lacking sea, he scored a river and in the river an island, four green second-hand lions, a canal that doesn't lead to China. He raised merchants to the level of folk-heroes, sacked nearby villages until he had hundreds of churches in all forms of worship, amputated the Versailles tongue from his past and stuffed it into the mouths of the forgetful neighbors, placed a firescape on every house so firefighters could fall in love and the daughters of the streets would spill onto them the blue waterfall of his eternal zeal.

Leftover silos, drunks, plazas, reckless teenagers pushing strollers —not caring if they strolled a child or a doll—, Money Express bike messengers, shitting puppies, abandoned buildings, alienated motorcyclists, and he scattered them where they would burden most. He lacked night dew, lacked sun: he hired foreign advisors. His budget or imagination didn't give for the former. For the latter, they said: "You'll have something from time to time, but most days the sun will be a distant rumor."

The lesser god looked upon his work with resignation and hastily opened the doors. The city was invaded by generations of hippies, punks, and young goths crawling from every corner of the country in search of culture, freedom and oblivion, and not necessarily in that order. They arrived

rincones del país en busca de cultura, libertad y olvido, tal vez no en ese orden de necesidad, que llegaron con los tambores del tam-tam (y los leones se inquietaron con la llamada de caza). Enseguida llegaron los inmigrantes con falafeles, calendarios zoológicos, la luna creciente y promisoria de sus hijas, muertos y lenguas errantes, sopas won ton, canciones, estafadores, carne ahumada, nostalgia y pupusas.

with tom-tom drums (and the lions grew restless at the
call of the hunt). Then immigrants arrived with falafels,
zoological calendars, the crescent moon and the promise of
their daughters, dead and wandering languages, won-ton
soup, songs, swindlers, smoked meat, nostalgia and pupusas.


*Translation by Keith Ekiss*
*in collaboration with Alexandra Lytton Regalado and Lucía de Sola*

# El camino

## I.

He visto la noche cuando, cansada de huir, recoge en un puño su exasperada cabellera indómita.

La he visto tenderse, sacrificial, oferente, en el declive de una duna. Es la señal esperada por las criaturas del desierto.

Ciega de su propia oscuridad, estragada de bichos, desnuda entre sicarios.

La noche termina hecha añicos entre los efímeros pozos de rocío en las estrías del desierto.

Carne zamarreada en las fauces del chacal, yerba rota a trémulos jirones en la mandíbula de la salamandra.

Y así el sol recupera sus dominios.

## II.

He visto al sol entrar en su taller del mediodía —yo un pellejo vivo en la gran curtiembre del desierto—.

Desata el mordiente de sus rayos y estampa paños, vitelas. Tempera los buriles de fierro y repuja su sello en los metales labrados en su fragua.

## The Road

I.

I've seen the night, weary of running, collect its untamed exasperated hair in a fist.

I've seen it lie, sacrificial, offerant, in the slope of a dune. It's the signal awaited by desert creatures.

Blind to its own darkness, ravaged by vermin, lying naked between assassins.

The night ends in shards among ephemeral wells of dew in desert grooves.

Meat shreds in the maw of the jackal, grass snaps in the mandible of the salamander.

Thus, the sun retrieves its dominions.

II.

I've seen the sun enter his workshop at noon—I'm a live hide in his great desert tannery—.

Unleash the acid of his rays and cloth engravings, vellum. Temper the iron chisels and emboss his seal on the metals from his foundry.

Lo he escuchado repetir con su mazo, "Esto es mío, esto es mío, esto es mío", hinchadas sus manos de rabia, de desdicha.

Pues para ser el amo del mundo ha debido pagar con su memoria.

III.

He visto el cielo cuando, a la hora del ocaso, comba su lomo para mirarse en la áspera luna del desierto.

(Y el silencio nunca me dejó saber si era mi sombra o una mueca de aquel rostro la parda silueta atada a mis pies.)

IV.

He oído el viento, ciego, indiferente a la luz, dispensador de cauterios, de semillas y de cosas prohibidas.

Rasga su manto talar en zarzas, túmulos de piedra. Arrastra entre sus barbas una nube de insectos.

Lo he visto, niño arrugado, exhausto, acurrucado en las cornisas de pizarra, curándose con saliva las tabas, las canillas desgarradas.

V.

He visto una manada de caballos salvajes galopando en la ladera de una montaña, embriagados de su propia fuerza.

Esfuminados en el color pardo del polvo alzado a su carrera.

I've heard his repeating mallet, "This is mine, this is mine, this is mine," his hands swollen by anger and misery.

To become master of the world he had to pay with his memory.

III.

I've seen the sky at sunset as he arches his back to stare at himself in the harsh desert moon.

(And the silence never let on if it was my shadow or the grimace of that face, the dark silhouette bound to my feet.)

IV.

I've heard the wind, blind, indifferent to light, dispenser of remedies, of seeds and of forbidden things.

Graze its torn robe over thorns, over stone mounds. Drag a swarm of insects through its beard.

I've seen him, a crumpled boy, exhausted, squatting beneath a slate cornice, healing his split shins and knucklebones with saliva.

V.

I've seen a herd of wild horses galloping on the slope of a mountain, drunk with their own strength.

Blurred by the dull color of dust kicked up by their racing.

He sentido su olor a tierra exaltada por la lluvia. Los he visto perderse en las estribaciones de un cerro.

Hasta mí ha llegado el desorden de sus voces y me ha cubierto la arpillera del polvo dejado a su paso.

Y mi boca y mis ojos se han cerrado al sentir el acre golpe, pero mi corazón ha agradecido ese recado de la belleza.

VI.

He visto a los hombres, almácigos de ácaros, de ilusiones, rascarse junto al fuego, entre jarras de vino y relatos de aventuras, de oficio.

Recuerdo a un viejo, mi padre (tanto tiempo ha pasado, viejo Jaiam), armando carpas de silencio, curando pústulas con silencio.

Su voz huraña me dijo una tarde, mientras tejíamos, "el tiempo es un delgado hilo de arena en el cambiante tapiz del desierto".

En mí camina la perturbadora incógnita de la sal. En mí germina la semilla del mundo.

En mí se abisma el desierto y duerme, confiada, la verba secreta de la muerte.

I've smelled them, wet earth after rain. I've seen them disappear in the foothills.

The chaos of their voices carried over and has covered me in the burlap dust of their passing.

And my mouth and eyes closed when I felt the acrid blow, but my heart was grateful for that trace of beauty.

VI.

I've seen men, seedlings of mites and illusions, gathered around a fire, drinking jugs of wine and tales of adventure, of labor.

I remember an old man, my father (so much time has passed, old Jaiam), staking tents of silence, healing pustules with silence.

One afternoon as we wove at the loom he said with a sullen voice, "Time is a thread of sand in the everchanging tapestry of the desert."

Inside me walks the mystery of salt. Inside me germinates the seed of the world.

Inside me the desert plunges and sleeps, trusting, the secret oath of death.

*Translation by Keith Ekiss*
*in collaboration with Alexandra Lytton Regalado and Lucía de Sola*

## Ciudad

San Salvador:
un tren sobre los guijarros de la noche
Vagones apestados de mendigos
Avenidas de Dante y *Diosmeguarde*

San Salvador no tiene nombre propio:
se llama *miseluz guarhumo puñaluna*

Un fósforo se enciende
y brillan las heridas

San Salvador ya no echa de menos a la lluvia

Se convirtió en maroma que observamos
con la boca redonda
de sorpresa y de hambre

# City

San Salvador:
a train over the gravel of night
Boxcars stinking of beggars
Avenues of Dante and *Diosmeguarde*

San Salvador has no proper name:
call it *miserlight clawsmoke daggermoon*

A match is lit
and the wounds glimmer

San Salvador has abandoned its longing for rain

It's become a tightrope we observe
mouths round
with surprise and hunger

*Translation by Alexandra Lytton Regalado*

# Señal

*A la memoria de mi amiga Svetlana
Ivanova, asesinada a los quince años
por los Escuadrones de la Muerte.*

Si me dieras tan solo una señal:
un camino trazado con mi nombre,
el vapor de tu boca en el espejo
o una carta en los ojos tan tristes de mi perro.

Pudiera ser la huella de tu cuerpo
esperando por mí y por tu regreso.

Pudiera ser la huella del eco de tu sombra
o tu paraguas de pasear sin lluvia,
o tu perfume de tocar sin dedos.

Si tan solo una señal me dieras,
qué se yo: un jardín
donde crezca la historia:
por aquí unos carruajes perlados con invierno,
los dedos cenicientos
de infantes masacrados, la peineta
de una abuela que no murió jamás; por allá
una fiera educada por tormentas, la hemorragia
profundamente negra del volcán; una señal,
algo como una luz bañando la miseria,
como desalojar tembloroso unas prendas,
algo como la llama que en el barro se alienta,

## Sign

*In memory of my friend Svetlana*
*Ivanova, who was assassinated at*
*age fifteen by the Death Squads.*

If you gave me at least one sign:
a path etched with my name,
the vapor of your mouth on the mirror
or a missive in the sad eyes of my dog.

It could be the imprint of your body
waiting for me and your return.

It could be the echo imprint of your shadow
or your umbrella to stroll without rain
or your perfume to touch without fingers.

If at least you gave me one sign,
who knows: a garden
where history grows:
there, some carriages pearled with winter,
the ashen fingers
of masacred infants, the haircomb
of a grandmother that never died; there,
a beast fostered by storms, the volcano's
black hemmorhage; a sign,
something like light bathing misery,
like the trembling abandonment of clothing,
something like the flame that feeds on clay,

o la estación brillante de un pequeño
y su enorme sandía suculenta,
o el éxtasis del cielo al contemplar la luna
que te crece feroz desde tu almendra.

Una señal que indique la manera
de llegar al pupitre donde el viento te enseña
los secretos del muro, del aliento y la piedra.

Una señal que al mismo tiempo sea
una orden para iniciar la primavera,
el santo y seña para atizar las breas,

un caracol sonando,
un tambor retumbando,
un vientre prodigando,

una convocación de lo creado,
una aseveración de lo vivido,
una reiteración de lo soñado,

el apretón de manos
con que dios y el diablo queden reconciliados,
un esbozo cualquiera, un leve signo,
una mueca quizá, un telegrama,
un susurro...
la prodigiosa y concluyente seña
de que tu amor
es de carne y de beso y de que existe.

or like the brilliant season of a child
and his enormous, succulent watermelon,
or the ecstacy of the sky contemplating the moon
that grows fiercely from your seed.

A sign that shows the way
to the lectern where the wind teaches
the secrets of the wall, of breath, of stone.

A sign that will also be
an order to commence spring,
the watchword to stoke the resin,

the trumpting of a conch,
the beats of a drum,
the squandor of a womb,

a call to creation,
a confirmation of experience
a reiteration of dreams,

the squeeze of a handshake
to reconcile god and devil,
any kind of insinuation, a small sign,
a grimace perhaps, a telegram,
a whisper...
any prodigal and conclusive sign
that your love
is of flesh and bone, a kiss that exists.

*Translation by Alexandra Lytton Regalado*

# Discurso final en tono crepitante

*Al bravío río Lempa.*
*Y a Virna Rodas, por la similitud.*

El río dice adiós con su mano mutilada.

¿A dónde se dirige que su sorda partida
deja un rastro de bosques incendiados
y un horrendo arcoíris sin colores?

¿Por qué nos abandona sobre un mar de monedas
que repiten sin pausa su música monótona?

El río se desborda y nos deja vacíos,
balbuceando palabras de ceniza,
devorando amargas hostias de arena.

El río ya no ríe. Nuestras bocas se cierran.

*9 de julio de 2012, Quezaltepeque. 2 y 55 pm*

## Closing Speech in a Crackling Tone

*For the untamed Lempa river.*
*And for Virna Rodas, because of their similitude.*

The river waves goodbye with its mutilated hand.

Where is it headed that its deaf parting
leaves a wake of flaming forests
and a horrid, colorless rainbow?

Why does it abandon us on this sea of coins
that ceaslessly repeats their monotonos tune?

The river overflows and leaves us empty,
mumbling ashen words,
devouring bitter communion wafers of sand.

The river no longer laughs. Our mouths shut.

*July 9, 2012, Quezaltepeque. 2:55 pm*

*Translation by Alexandra Lytton Regalado*

SUSANA REYES *(1971)*

Sobreviviente del silencio

V.

En los pasillos la luz era una gota
desparramada        ardiente
siempre retó a nuestros ojos
para beberla y multiplicarla.

Era voz, era espejo,
filosa presencia en el silencio de tu boca
paciente ave negándose a migrar en el invierno.

Estacionada y febril
se derramaba una y otra vez
y juró vencernos en la soledad.

Creo que olvidó el día y sus estaciones
la necedad acaso era la mejor de sus virtudes
olvidó la ruta este último invierno
porque sigue ahí
febril
        filosa
paciente.

## Surviving Silence

V.

The light was a bead in the hallway
scattered          ablaze
always daring our eyes
to drink it, to multiply.

It was a voice, a mirror,
a sharp presence in the silence of your mouth
a patient bird unwilling to migrate in winter.

Fixed and fevered
it spilled once and again
and swore to defeat our solitude.

I think light forgot the day and its seasons
obstinance perhaps its finest virtue
losing its way last winter
it persists
fevered
          knife-edged
patient.

*Translation by Emma Trelles*

# Postales urbanas

## Los Parques

II.

Te acordás de aquella esquina
aquel parque amarillo
que invitaba al sueño,
no te puedo mandar de ellos
más que el recuerdo en los ojos cerrados...
ahora no hay más que historias,
ya los cestos y las cajas cubren las aceras
y miles de vagabundos dormitan
en aquellas calles por las que corrimos
sin pudor y sin espanto.
¿Te acordás?
Antes también ahí hubo sangre
pieles y ropas.
Zapatos y gritos
quedaron haciendo eco en las paredes,
ahora hay grandes claxons gritando sus verdades,
no se parece más que por la memoria
no es el mismo, aunque aquel caballo
siga a galope eterno en el mismo pedestal,
ahora hay alambres como hebras de piscuchas de viejos
octubres,
como hilos de algodón de dulce en las ferias,
hay manos, cuchillos y olores perpetuos,
hay llantos y ruido
hay prisa, hay ecos.

## Urban Postcards

### The Parks

II.
Remember that corner
that yellow park
calling a dream?
I cannot send any more
than their remembrance beneath closed eyes…
now there are only stories
now baskets and boxes cover sidewalks
and thousands of vagabonds drowse
in the streets we ran through
without shame or fear.
Remember?
Here there was once blood
skins and clothes.
Shoes and cries
still echo on walls,
now there are great horns shouting their truths,
this place is not the same, only in memory
is it the same, although that horse
follows its eternal gallop on the same pedestal,
now there are wires like broken kite strings
from Octobers past,
like candyfloss from carnivals
now there are hands, knives and lingering scents,
now sorrows and noise,
now haste, now echoes.

*Translation by Emma Trelles*

# Álbum de niñas con abuela

(Fragmento)

Tuvo un ave en las manos
una jaula blanca
un remolino de sangre en el pecho

Un ave de alas palpitantes
tentación        susurro de plumas
quemadura en el oído

tuvo un horizonte al borde de un techo
un cielo y el bullicio de la tarde

## Album of Girls with Grandmother

(Fragment)

She held a bird in her hands
a white cage
a spiral of blood on its breast

A bird with beating wings
seduction        a murmur of feathers
scalding the ear

she held a skyline bordered by a roof
a heaven and the afternoon's babel

*Translation by Emma Trelles*

# JORGE GALÁN *(1973)*

## Race Horse

*Para Roxana Elena*

Y mira tú, muchacha, de quién viniste a enamorarte,
a quién viniste a amar para toda la vida,
a quién decidiste no olvidar:
es un caballo de carreras, ese muchacho es un caballo de
      carreras
y corre siempre junto a la barda colmada por espinos
y sus músculos inflamados siempre a punto de reventarse.
¿Quién lo conduce?
Sus estribos son ríos a los cuales muerde para intentar romper.
Sus ojos ven un horizonte de fuego al que no puede dejar de
      dirigirse.
Sus cascos son de un cristal incorruptible que aniquila a la
      piedra.
Su crin es el viento azotado por el relámpago.
Una tormenta tiene donde debió tener un breve corazón,
una tormenta a la cual teme incluso el invierno mismo.
Su imaginación es la misma que la de la montaña
y la del grito que corta el silencio de la montaña desolada.
No es de fiar.
¿Quién confiaría su alma a una tormenta?
¿Quién brindaría su piel al cuchillo de fuego
o su voz al silencio de la flauta quebrada por el odio?
Y mira tú, muchacha dulce, te abriste como un cofre
lleno de perlas que parecían brotar de la luz misma
y él ni siquiera pudo notarlo, él es un caballo de carreras
y no le importa ni la ciudad ni el camino que lleva a
      la ciudad

## Race Horse

*For Roxana Elena*

Look at you, girl, who you've fallen for,
who you've decided to love your whole life,
who you chose never to forget:
he's a race horse, that man is a race horse
that rushes along the thorn-studded hedgerow
and his muscles always bulging, near bursting.
Who spurs him along?
He bites his reins, rivers he tries to break.
He can't help but head towards a horizon of flames.
His hooves, a steadfast crystal that crush stone.
His mane, the lightning whippped wind.
A storm where a brief heart should be,
a storm that even the winter fears.
His imagination is the mountain's
and the scream that breaks the silence of the desolate
        mountain.
He cannot be trusted.
Who would trust their soul to a storm?
Who would offer their skin to the blade of fire,
their voice to the silence of the flute cracked by hatred?
Look, sweet girl, you opened like a chest
full of pearls that seemed to have been born of light
and he couldn't even notice; he is a race horse
and he doesn't care about the city or the path that leads
        to the city

ni las joyas ni un cuello lleno de joyas ni un cofre lleno
   de joyas,
solo le importa el bosque y el campo abierto y la playa
   interminable
pero sobre todo la pista, esa pista de grama, arena y piedra,
y mira tú de quién viniste a enamorarte
a quién quisiste guardar en ti como un corazón nuevo
a quién quisiste abrazar hasta perder los brazos
a quién quisiste mirar hasta cerrar tanto los ojos
que no consigues ya mirar la dicha.
Mira tú, muchacha linda, a quién quisiste amar,
a un obstinado caballo de carreras cuya pista es el mundo.

nor the jewels nor a neckline of jewels nor a chest full of
    jewels,
he only cares about the forest and the open field and the
    infinite beach
and above all, the track, the track of grass, of sand and stone
so take a look at the one you've fallen for
the one you wanted to hold inside yourself like a new heart
the one you wanted to embrace till you lost your arms
the one you wanted to gaze at till you closed your eyes
so many times you no longer see your rapture.
Look, beautiful girl, at who you chose to love,
an obstinate race horse whose track is the world.

*Translation by Alexandra Lytton Regalado*

# El juego

Sucedió al final de la tarde, era invierno, el arroyo
era un cuerpo cuyas manos a nada podían aferrarse:
quería detenerse pero el limo era demasiado liso y
    resbalaba.
Se iba sin decirnos adiós, mirando hacia atrás con ojos
    afligidos.
Nosotros estábamos subidos en un árbol y desde ahí la
    veíamos,
escondidos como un par de lechuzas demasiado jóvenes,
entonces la vimos aparecer sin saber bien de dónde venía
y por un instante creímos que había emergido de las aguas.
Era tan blanca que lo que la cubría podía ser agua y no piel,
o podíamos, incluso, estar mirando solo su alma.
Corrió chapoteando por el arroyo, sus muslos eran peces,
salmones de plata que saltaban contra la corriente:
se dirigían en dirección al viento. Su cabello,
una vela inflamada. Su cuerpo, un navío de hielo.
Quisimos que nos viera pero ella no volvió ni pudimos
    llamarla:
la belleza se había vuelto una mano sobre nuestras bocas.
Unos segundos más tarde se perdió rodeando la colina cercana
y unos segundos después vimos a las tres sombras
que eran aquellos tres hombres que corrían tras ella…
y la noche cayó de nuestros ojos.

## The Game

It happened at the end of the afternoon, it was winter,
the creek
was a body, its hands couldn't grasp a thing:
it wanted to hold on but the loam was too smooth and it slid.
It left without saying goodbye, looking back at us with worried
eyes.
We perched in a treetop and from there we watched,
hidden like a pair of owls, much too young,
and we saw her appear from who knows where
and for an instant we believed she had risen from the water.
So white she could have been water and not skin,
or, perhaps it was just her soul we saw.
She ran splashing by the creek, her thighs were fish,
silver salmon that leaped against the current:
they headed towards the wind. Her hair,
a flaming sail. Her body, a vessel of ice.
We wanted her to notice us but she didn't turn and we couldn't
call out:
her beauty a hand over our mouths.
Seconds later she disappeared round a nearby hill
and seconds after that we saw the three shadows
of three men chasing her...
and the night fell from our eyes.

*Translation by Alexandra Lytton Regalado*

# ROXANA MÉNDEZ *(1979)*

## En el margen del cielo

Como un día de invierno
dejado atrás pero aún mío,
tu nombre yace en mis labios
como un archipiélago
sobre un mar rojo,

y cuando hablo
cualquier idioma del mundo
mi aliento te roza
como la luz más lenta del otoño
cuando pule
el contorno de las hojas.

He visto demasiados occidentes.

La jirafa y el león
escucharon mi voz
y volvieron a mirar.
Mi sombra se estiró
hasta alcanzar sus sombras
y nuestros ojos se encontraron
en el centro de la sabana
y del mundo
y en esos ojos míos

## In the margin of the sky

Like a day in winter
left behind but still with me,
your name lies on my lips
like an archipelago
in a red sea,

and when I speak
any of the world's languages,
my breath grazes you
like the slow light of autumn
when it polishes
the outline of the leaves.

I have looked west from too many places.

The giraffe and the lion
heard my voice
and turned to look.
My shadow lengthened
until it reached their shadows
and our eyes met
in the center of the savannah
and of the world,
and in those eyes of mine

también estaba tu imagen,
tatuada en mi pupila
como un relámpago en la oscuridad.

Toqué la piedra de mil años,
se sumergió mi pie
bajo siete mares distintos,
y aunque me fui
permanecí
en el mismo sitio siempre,
encerrada en el margen
de ese cielo semejante a tus labios.

Como un día de invierno o de verano,
tu cuerpo es mi horizonte,
el límite infinito
de mis ojos cerrados.

there, too, was your image,
tattooed on my pupil
like lightning on the darkness.

I touched the stone of a thousand years,
I plunged my foot
into seven different seas,
and though I left,
I remained
always in the same space,
confined in the margin
of that sky so like your lips.

Like a day in winter or in summer,
your body is my horizon,
the infinite border
of my closed eyes.

*Translation by Daniel Bohnhorst*

## Paseo

Sobre la luz tediosa de la tarde
no queda nada. Nadie.
Y la brisa es un ruego.
Y el viento una sentencia.

Dentro de mí me busco
y solo encuentro
un bosque de pinares invisibles
y de invisibles fresnos.

Sobre mí algo se acaba.
Atrás, algo se cierra.

Mi boca es otra noche.
Mis ojos, el invierno.

Me abrazo y no me amo.

Sin embargo, mi rastro
es semejante al rastro
de toda humanidad sobre la tierra.

Baja desde mi espalda
a mis talones
lo nefasto.

## The Walk

Above the dull light of afternoon,
nothing is left. No one.
And the breeze is a petition.
And the wind is a vengeance.

I search within myself
and find only
a forest of invisible ash
and invisible pine.

Above me, something dies.
Behind, something shuts.

My mouth is another night.
My eyes, the winter.

I hold myself and do not love myself.

However, my trail
resembles the trail
of all humanity on earth.

From my back
down to my heels,
disaster sinks.

La brisa retrocede.
El mar me besa.

Sobre la luz camino
y soy la sombra

que en la noche se interna

y no regresa.

The breeze retreats.
The sea kisses me.

I walk above the light
and I am the shadow

that penetrates the night

and does not return.


*Translation by Daniel Bohnhorst*

# KRISMA MANCÍA (1980)

## Fobiápolis

(Fragmento)

Noventa y nueve nombres de Dios girando, gimiendo,
    cantando entre las piernas.
Las niñas que no saben besar y se hacen mujeres bajo un árbol
tienen una letra de mi nombre entre los dientes.

\*\*\*

Se humedece el olor de la hierba y se desliza la tormenta de
    la rabia
en un llanto ruidoso que se enreda con el movimiento de los
    pies.
He querido comprender el arte de mentir para explicar los
    caprichos
o cuando no se tiene dinero para pagar el hospital y nuestra hija
    se muere
suspendida entre agujas de morfina, con el pecho herido
    y la nariz fría
semejante a una gaviota crucificada en la arena.
Luego llega la funeraria y hace el balance de todas nuestras
    muertes
y nos entregan un ataúd de goma espuma, pequeñito,
semejante a una cajita de música, ideal para nuestro presupuesto.
Imaginamos la cajita en el congelador
como si fuera un inventario de rarezas
que se puede mostrar a las visitas para que nos odien
y no vuelvan jamás.

## Phobiapolis

(Fragment)

Ninety-nine names of God spinning, moaning, chanting
      between legs.
Girls not knowing how to kiss become women beneath a tree
gritting between teeth a letter of my name.

\*\*\*

The scent of wet grass discharges a torrent of rage
over the clatter of cries tangled up in our footsteps.
I needed to grasp the art of lying to explain the vagaries
how there is no money for hospital care and our daughter is
      dying
suspended between morphine needles, her nose cold, pain in her
      chest,
a seagull crucified on sand.
Then the undertaker arrives to toll all our deaths
bringing a foam rubber casket, tiny
as a music box, in keeping with our budget.
We imagine the casket in the freezer,
a collection of curiosities
we can show to visitors so they hate us
and never come back.

\*\*\*

Ella es mi color preferido. Llega vestida de azul
con un listón azul entre los cabellos,
con una boca de algodón, una boca frente a mí.

Un momento, por favor.
Tocan a la puerta, llaman por teléfono,
camino en círculos, en círculos, en círculos hasta
        hacer un caracol con sus pies.

Ella no contesta. Ella no atiende las señales de etiqueta.

Un poco de silencio. Unos minutos de silencio.

Necesita respirar. Respirar con la furia de las uñas.
Atravesar la noche con una aguja y de paso llevarse el viento.

Un poco de silencio, por favor.
Que se apague la respiración de las almohadas al borde de
        este poema.

Necesita sufrir, sufrir con un golpe certero,
y devolverse a la muerte, a la muerte
en forma de estuche.

\*\*\*

She is my favorite color. She arrives dressed in blue
a blue ribbon in her hair,
a cotton mouth, a mouth facing me.

One moment please.
They are at the door, on the phone,
I walk round and round and round until a snail shell forms
        with our feet.

She doesn't answer. She pays no attention to the rules of etiquette.

A little silence. One moment of silence.

She needs to breathe. Breathe with the fury of claws.
Pierce the night with a needle and in passing carry off the wind.

A little silence please.
Let the pillowed breath fade around the borders of this poem.

She needs to suffer, suffer from a heavy blow,
and return to death, death
in a small clasped case.

*Translation by Jessica Rainey*

## Sobre el mito de Santa Tecla

Un hombre pedirá mi mano
y me la cortaré.
Nacerá otra
y volveré a cortarla.

El hombre pensará:
qué perfecta mujer, es un árbol de manos:
podrá ordeñar las cabras,
hacer queso,
cocer los garbanzos,
ir por agua al río,
tejer mis calzoncillos.

Pero yo seguiré cortando mis manos
cuando me diga:
Mujer, te he pedido,
y debes ordeñar las cabras.
Mujer, eres mía,
trae agua del río,
sírveme el queso,
ve al pueblo por vino.

Mis manos caerán como caen las flores
y se moverán por el campo,
necias:

## On the Myth of Santa Tecla

A man will ask for my hand
and I will cut it off.
Another will be born
and I will cut that one off, too.

The man will think:
what a perfect woman, she is a tree of hands:
she could milk the goats,
make cheese,
cook the garbanzos,
go to the river for water
knit my underwear.

But I will keep cutting my hands
when he tells me:
Woman, I have asked you,
and you must milk the goats,
Woman, you are mine,
bring water from the river,
serve me the cheese,
go to the village for wine.

My hands will fall as flowers fall
and they will drift through the field,
unyielding:

No ordeñarán las cabras,
no irán por vino al pueblo,
jamás zurcirán sus calzoncillos
y nunca,
mucho menos,
acariciarán sus testículos.

El hombre dirá:
Qué mala mujer,
es una maldición de manos.

Irá por un hacha,
cortará mis brazos.
Nacerán nuevos.

Entonces pensará
que el inicio de la vida se encuentra en el ombligo
y cortará mi cuerpo en dos.

Mis miles de manos cortadas
se volverán azules
y se moverán.
Secarán el trigo,
jugarán con el agua,
secarán el río,
arrancarán las raíces del pasto,
envenenarán a las cabras,
al queso.

Y el hombre pensará:
Qué maldición más grande:
prohibido debe estar pedir a una mujer que tiene voluntad.

They will not milk the goats,
will not go for wine in the village
will never darn his underwear
and never,
ever
caress his testicles.

The man will say:
What a bad woman,
she is a curse of hands.

He will go for the hatchet,
will cut my arms.
New ones will be born.

Then he will think
that the beginning of life is found in the navel
and he will cut my body in two.

My thousands of cut hands
will turn blue
and will drift.
They will dry the wheat,
play with the water.
dry up the river,
rip the roots from the pasture,
poison the goats,
the cheese.

And the man will think:
There is no greater curse:
Forbidden—it should be—to ask for the hand of a willful woman.

*Translation by Marianne Choquet*

# Bodegón con Sor Juana

Morderé la fruta. Mancharé los baberos de encaje que tejí
        por tres siglos como la
araña: siempre sujeta a la mosca, siempre sujeta al aire.
La fruta escurrirá por mi boca como escurre la baba,
        como escurre la sangre.
Clavaré las uñas sobre los gajos de la mandarina: mujeres
        que se abren en espera de
dientes mayores que los míos. Seré animal como el negro
        que carga la fruta en el
mercado: no lee vocales y nunca ha visto el sol. Yo no bajaré
        el ojo, como el
negro, puedo ver el sol entre tus piernas.
Gajo de mandarina has sido.

## Still Life with Sor Juana

I will bite the fruit. I will stain the lace bibs I wove for three
        centuries like a spider: always
subject to the fly, subject to the air.
The fruit will spill from my mouth like drool, like blood drools.
I will sink my nails into the tangerine wedges: women that open
        in expectation of bigger
teeth. I will be animal like the black man who loads the fruit at the
        market: he doesn't read
vowels and has never seen the sun. I will not lower my eyes; like
        the black man, I can see the
sun between your legs.
Tangerine wedge that you were.

*Translation by Marianne Choquet*

## Sor Juana vomita la cena

Mira, Juana, este panecillo será abundante como la tierra,
    con él se alimentarán los
hijos de los hijos
*de tu vientre, Jesús.*
Juana no contiene el asco del fruto de un vientre de donde
    salió
un hombre del que manó agua y vinagre,
y se lleva las manos a la boca y se dobla en la cocina.
Reconoció el negro a su mujer en la pulpa fresca de la fruta
    y el indio cayó de hinojos
ante el pájaro: antes eran iguales, vivos en esa tierra, ahora
    no puede siquiera mirar el
vuelo:
El pájaro está más cerca de Dios –le han dicho–,
no mereces verlo.
Ese pan tiene la sangre de los pájaros y de las frutas,
la sangre negra estancada del negro y la sangre roja
    derramada del indio.
Y Juana se dobla, tose, se retuerce frente al pan.
Qué pasa, Juana.
Y Juana escupe:
pajarillos
peces de acuario y dos hostias:

blancas

como papel.

## Sor Juana Vomits Her Dinner

Look, Juana, this bread roll will be abundant as the earth,
    it shall feed the
children of the children
*of thy womb, Jesus.*
Juana does not hide her disgust at the fruit of the womb
    that birthed
a man from whom flowed water and vinegar,
and she raises her hands to her mouth and bends over in
    the kitchen.
The black man recognized his wife in the fresh pulp of the
    fruit and the indian fell on his
knees before the bird: once they were equal, alive on this
    earth, now he cannot even watch
its flight:
The bird is closer to God—he was told—
you do not deserve to see him.
This bread has the blood of birds and fruits,
the black stagnant blood of the black man and the spilled
    red blood of the indian.
And Juana bends over, coughs, writhes before the bread.
What is happening, Juana.
And Juana spits up:
birds
aquarium fish and two hosts:

white

as paper.

*Translation by Marianne Choquet*

# VLADIMIR AMAYA *(1985)*

## La mínima prenda con que duermes

La prenda más pequeña con que duermes
es la última luz que se apaga en la ciudad.
Temblorosa melodía de algodón.
Delirio celeste y blanco
como cielo y mar de un mismo vuelo,
mínima estrella de un hermoso naufragio.
Sándalo grave,
cofre de un ave que reposa.
Prenda empapada
del sudor sagrado donde la llama resucita.
Prenda inquieta
suave y paciente como la hierba
corta y vital como un suspiro.

Pañuelo para vestirme de ti.
Estación breve,
prenda siempre hecha a la talla del asombro.
Hebras de una nube que ponen freno a tu cintura.
Es la primera voz del silencio,
es clave fulgurante,
candado que claudica.
Puerta abierta
durante el granizo y los asaltos.
La prenda más pequeña con que duermes
es una prenda de ojos abiertos que me ayuda a mirarte,
a saberte entre las formas
a resolverte en el ancho misterio de la noche.

## The Slightest Garment You Sleep In

The smallest slip you sleep in
is the last light to go out in the city.
Quavering melody of cotton.
Delirium blue and white
like sky and sea cut of the same veil,
faintest star of a beautiful shipwreck.
Grave sandalwood,
the casket of a bird at rest.
Garment drenched
with the divine sweat of a revived flame.
Restless garment
soft and patient as the grass
brief and vital as a sigh.

A scarf to dress as you.
Brief season,
garment tailor-made for wonder.
Strands of a cloud bind your waist.
It is the first voice of silence,
the shining key,
the lock that surrenders.
Door open
during hailstorms and assaults.
The smallest slip you sleep in
is the open-eyed cloth that helps me see you,
to know you among the shapes
to decipher you in the night's wide mystery.

*Translation by Emma Trelles*

# Déjà vu en una ciudad tan pequeña

Pronuncia, amada del siempre y del segundo,
la estrella vegetal entre nosotros,
lo que se consumió y aún así quedó truncado.

Busco mi corazón en tus lunares,
en la galaxia rosa de tu ombligo,
pero es polvo de tu fémur y fémur de la noche
lo que recojo con los labios.

Duro es el sonido de la sangre en los ojos
cuando las almas sospechan cosas que los cuerpos olvidaron;
Insaciable la sed
en este vaso de liquen que no sé desde cuándo compartimos.

Por eso, amada del siempre y del segundo,
pronuncia la estrella vegetal entre nosotros.
Ella sabe que todo se da y se repite en esta tierra,
que hay un hilo de diamante entre tu soledad y la mía.

Amor reciente, beso de siglos, pasión de ninguna hora.
Dentro del ardor,
donde más profunda es la madrugada,
vestiduras gélidas
estrujan
incendian nuestros nombres.

## *Déjà Vu in a City so Small*

Speak, my fleeting and forever love,
the verdant star between us
now consumed and yet unfinished.

I search for my heart in your beauty marks,
in the rose galaxy of your navel,
but it's your femur's dust and the evening's femur
I gather with my lips.

The strong sound of blood within the eyes
when souls sense what bodies have forgotten;
Insatiable thirst
for this glass of lichen we've shared since who knows when.

That is why, my fleeting and forever love,
you must claim the verdant star between us.
She knows all is given and renewed on this earth,
knows there is a diamond thread between your solitude and mine.

New love, kiss of centuries, hourless passion.
Inside this blaze,
where dawn is deepest,
icy vestments
bruise
set fire to our names.

Amor de ningún momento encontrado en cada esquina,
toma mi mano en ninguna parte,
para jamás dejarte en este mundo.

Déjame abrirte por primera vez.
Déjame recordar de dónde te conozco.

Love undiscovered at every corner
take my hand nowhere,
           so I may never leave you in this world.

Let me unlock you for the first time.
Let me remember how is it that I know you.

*Translation by Emma Trelles*

# No soy la sed

Abramos, amigos,
la champaña de este viejo cuerpo.
Hemos llegado al reencuentro con la madre y la hija
¡Abran ya la champaña de este cansado cuerpo!

¡Soñar, soñar, búhos veteranos!
Es el segundo del moho benévolo,
de la grasa piadosa que baja desde la úlcera de la noche.

¡Que broten las nuevas piedras
en el polvo de los guerreros vencidos!

Soltemos la soga de morir cada día
¡Abran la champaña de este cansado cuerpo!

En este segundo
arrancarle los cabellos al vómito,
que regrese el abuelo de su cáncer,
la prima de su leucemia,
el padre de su odio.

Para qué negarse la sonrisa de las pupilas
si los ojos son más eternos que los dientes.

## I Am Not the Thirst

Let us open, friends,
the champagne of this old body.
We have arrived at this reunion of mother and daughter
Now open the champagne of this tired body!

Dream, dream veteran owls!
It is the moment of benevolent rust,
of pious fat descending from an ulcerated night.

Let new stones sprout
in the dust of defeated warriors!

Ease the noose of our daily death.
Open the champagne of this tired body!

At this very second
tear away the vomit,
let grandfather return from his cancer,
cousin from her leukemia,
father from his hate.

Why refuse the pupils' smile
if eyes are more eternal than teeth?

Abran ya la champaña de este viejo cuerpo.
Nadie en sus veintiocho muertes quiere estar solo.

No soy Cristo,
pero tomen y beban
repártanme entre ustedes.

Open the champagne of this old body.
No one in their twenty-eight deaths wants to be alone.

I am not Christ,
but take of me and drink,
divide me among yourselves.

*Translation by Emma Trelles*

# MIROSLAVA ROSALES *(1985)*

## pájaro de carbón en lata

en el chillido
soy un pájaro de carbón en lata
sola
en cada pasillo
sola
en el cielo que expande una tarjeta de crédito
templo de plástico en la mano
cielo de plástico y cenizas
y yo
      sola
insumisa luz de bengala
luciérnaga
un metal en tristeza
cayendo al cajero
al agujero de un centro comercial
al féretro de las jornadas de trabajo
siguen las filas
los bancos
las tiendas y sus cabelleras de vidrio
las filas
un desfile de hormigas en la cuerda que no cesa
alerta
      el incendio se acerca
extintor extintor
vengan los extintores
vengan las alegrías de verse despierta
vengan todas las ofrendas las plegarias

## canned coal bird

inside the screech
I am a canned coal bird
alone
in every aisle
alone
in a sky that spans a credit card
plastic temple in the hand
sky of plastic and ash
and I
      alone
insubordinate flare
firefly
a metal in grief
falling through the cash machine
into the shopping mall pit
into the grave of work days
endless lines
banks
shops and sculpted hair extensions
lines
a catwalk of ants on the rope with no end
watch out
      the fire approaches
extinguisher extinguisher
here come the extinguishers
here come the joys of waking
here come the offerings the prayers

las caricias de osos de felpa a mi vida
Buscando el alba subo las gradas eléctricas
y soy una moneda que cae al precipicio
y es un entrar a sótanos esta sensación
de verse frente a las vitrinas sola
los maniquíes fieles a la noche reluciente
qué risa estos modelos de congelador
y mi voz
no me conozco
no me conozco en este chillido de murciélagos
en el café de siempre
las palabras
                como acero
                        vómito
                                estallidos
        lluvia
cuánta lluvia en la noche
cuánta lluvia se adentra de pronto a un cuerpo
y se adueña de sus energías
el alba en la vitrina
¿sabías?
un corazón desinstalado
                en el café
                        sin nadie
asalto sueños a un cigarro que pronto se apaga
el periódico es una red de kilómetros
me río del negocio de lo efímero
la vida en el papel moneda
y se quema la vida con el papel
eficiencia eficiencia niña
me dicen los fantasmas
los fantasmas palpitan en el metal
y yo
        sola
mi palabra una antena en esta esfera

the caresses of teddy bears all come into my life
I ride the escalators seeking the sunrise
and I am a coin dropping over the edge
into a cellar I feel trapped
seeing myself in the shop windows alone
the mannequins loyal to the shining night
such a joke those frozen models
and my voice
I don't recognize
I don't recognize my voice in this screech of bats
in the same old café
words
      like steel
         vomit
            explosions
  rain
all this rain at night
all this rain swiftly entering a body
and draining its vitality
sunrise in the shop window
you see?
an uninstalled heart
      in the café
         with no one
I ambush dreams, a cigarette quickly burns out
vast networks make newspapers
trade in the ephemeral makes me laugh
life in paper money
life burnt out by paper
efficiency efficiency child
the ghosts tell me
the ghosts throb in the metal
and I
     alone
my word an antenna in this sphere

*Translation by Jessica Rainey*

# Esta ciudad es tan pequeña

Esta ciudad es tan pequeña como la mano que escribe este
        poema,
tan caótica como mi vida en fragmentos,
tan desteñida como el vestido de la puta en tacones de
        10 cms.,
que sabe perfectamente de transacciones y marginalidad,
en la ciudad tan vasta como la tristeza de millones de
        habitantes.
Esta ciudad es tan pequeña como el feto del laboratorio,
o el pájaro caído por cortocircuito una mañana de invierno
        frente a mi casa,
la misma donde se escribe de muerte,
se dicen letanías a las vírgenes de polvo y sal y se es tan lejana;
o la navaja que carga el delincuente de los buses.
Esta ciudad es tan pequeña y sin límites de sangre,
tan fértil como el jardín de mi casa,
tan líquida,
y tan sólida como la medalla que llevo en mi cuello.
Esta ciudad es tan pequeña...
Esta ciudad es tan pequeña que desaparece en mi mano de
        escarcha.

## This city is so small

This city is as small as the hand that writes this poem,
as chaotic as my shattered life,
as washed out as the dress of the whore in four inch heels,
who knows all about transactions and marginality,
in a city as vast as the grief of millions.
This city is as small as the fetus in the lab,
or the bird felled by short-circuit one winter morning before
        my house,
where we write of death,
recite litanies to the virgins of dust and salt and all is so far
        away,
or the knife that burdens the criminal on buses.
This city is so small yet shows no limits for blood,
fertile as the garden of my house,
so fluid,
so solid like the medal I carry round my neck.
This city is so small...
This city is so small it disappears in the frost of my hand.

*Translation by Jessica Rainey*

*allegro vivace*

amor de una sola sílaba
de cascada eléctrica y ventisca
de aviones y cometas
puerta de mis debilidades y naufragio
vamos a un mismo ascenso
amor de abril sabes al níspero a la miel y la avena al sismo
    inacabable
al melón que pruebo en un patio de claridad y ternura
a un mes de viento marino y delfines
a un beso bajo un portal de margaritas y estrellas refinadas

amor
pero también te he visto diluirte en los días de alcohol y
    cocaína
en la voz de robert johnson y los aullidos eléctricos de
    ginsberg
en el vértigo
en el cortocircuito
algo de los precipicios te seduce hasta convertirte en uno
en una noche aislada y ruidosa
sin sedantes

amor
tu palabra es un obelisco que aparece en esta página sin aviso
un caudal donde me reconozco con mis heridas
sabes cuánto de mi follaje fue destruido en la guerra
pero hemos dado en este país por un *allegro vivace*.

## *allegro vivace*

love a single syllable
of electric waterfalls and snowstorms
of planes and kites
doorway to my flaws and shipwrecks
we climb to the same heights

love you taste like níspero honey and oats like an endless
        earthquake
like melon in a courtyard of clarity and tenderness
like a month of sea air and dolphins
like a kiss beneath a gateway of daisies and polished stars

love
I have also seen you diluted in days of alcohol and cocaine
in the voice of robert johnson and the electric howls of ginsberg
in dizzy spells
and short-circuits
something about edges entices you until you become one
a solitary and noisy midnight
without sedatives

love
your word is an obelisk that appears on this page without
        warning
a wellspring where I acknowledge my wounds
you know how much of my foliage was felled in the war
but in this country we come to an *allegro vivace*

*Translation by Jessica Rainey*

# "Blues de Immigrante"

---

## "Immigration Blues"

QUIQUE AVILÉS *(1965)*

## Mi lengua está partida en dos

Mi lengua está partida en dos
por virtud, coincidencia, antojos del cielo
las palabras saltan desde mi boca
tropiezan entre sí
disfrutan ser parte de mi mensaje
esperan respuestas

mi lengua está partida en dos
pedacitos densos de acentos confundidos
desastres y milagros
dice cosas que hieren
se ahoga en un idioma que vive, salta, traduce

mi lengua se parte por naturaleza
por nuestro loco deseo de vencer, triunfar, conquistar
esta lengua mía se divide en partes iguales

un lado quiere maldecir y cantar a gritos
el otro lado solo quiere pedir agua

mi lengua está partida en dos
a un lado le gusta la fiesta
el otro lado se refugia en sus rezos

lengua

## *My Tongue is Divided into Two*

My tongue is divided into two
by virtue, coincidence or heaven
words jumping out of my mouth
stepping on each other
enjoying being a voice for the message
expecting conclusions

my tongue is divided into two
into heavy accent bits of confusion
into miracles and accidents
saying things that hurt the heart
drowning in a language that lives, jumps, translates

my tongue is divided by nature
by our crazy desire to triumph and conquer
this tongue is cut up into equal pieces

one wants to curse and sing out loud
the other one simply wants to ask for water

my tongue is divided into two
one side likes to party
the other one takes refuge in praying

tongue

inglés que suena chistoso
lengua
sonidos chistosos en inglés
lengua
en un inglés que suena chistoso
lengua
con chistosos sonidos ingleses

mi lengua se vuelve dos lenguas
se vuelve loca
no sabe si hablar o traducir

mi lengua está partida en dos
una patrulla fronteriza la atraviesa
registran sus palabras
piden identificación oficial
verifican pronunciación

mi lengua está partida en dos
mi lengua está partida en dos

ah qué lengua esta
ah qué lengua esta

dice cosas sabrosas
dice cosas sabrosas

*Traducción de Quique Avilés*

english of the funny sounds
tongue
funny sounds in english
tongue
sounds funny in english
tongue
in funny english sounds

my tongue sometimes acts like two
and it goes crazy
not knowing which side should be speaking
which side translating

my tongue is divided into two
a border patrol runs through the middle
frisking words
asking for proper identification
checking for pronunciation

my tongue is divided into two
my tongue is divided into two

I like my tongue
it says what feels right

I like my tongue
it says what feels right.

# Habitación sin retoques

Hemos llegado a la última grada
la puerta que no existe
ha quedado silbando 53 escalones atrás
el ascensor que no sirve nos hace muecas
al compás de una orquesta de insectos voladores
déjame buscar la llave
de este cuarto que es mi mundo escondido
háblame
mientras trato de abrir esta puerta
que ha sido violada ya más de diez veces
pasa
este es mi dormitorio
mi baño
mi cocina
mi estudio
mi sala de reuniones
espera
no des un paso más
has llegado a la primera frontera
de este mundo escondido
un paso más y estarás en el dormitorio
el baño
la cocina
la sala
y la sala de reuniones

## Room Without Touch Ups

We have reached the last step of the staircase
the non-existing door
swings loose 53 steps below us
the non-working elevator mocks us
to the rhythm of a flying bug orchestra
let me find my key
to this room that is my hidden world
talk to me
as I try to open this door
that has been pried open more than ten times
come in
this is my bedroom
my bathroom
my kitchen
my living room
wait,
don't take another step
we have arrived to the first border
of this hidden world
one more step and you will be standing in the bedroom,
bathroom,
kitchen,
living room
that belong to my cousin.
he's asleep at the moment

de mi primo
él duerme en este instante
diez pasos después
yace el mundo escondido del amigo de mi primo
finalmente
sobre él
en los otros dos pisos del triple camarote
duermen los hermanos del amigo del amigo de mi
primo
ellos llegaron hace tres semanas
es tarde
no hagas ruido
han dormido sólo unas cuantas horas
los restaurantes de *downtown* los han mantenido
ocupados esta noche
a veces se desvelan, en espera de mejores propinas
ten cuidado
puedes tropezarte con algo
la oscuridad esconde mis tesoros
distribuidos en mi territorio de diez pasos
mi mesa plegable
mi nuevo estéreo
mi televisor a colores
mis tres pares de zapatos
mis 4 trajes de *Woolworth*
mi cama, sí, mi casa
siéntate
puedes poner tu ropa a la izquierda
toma los cerillos
la electricidad se mudó de aquí desde hace ya dos
meses
acuéstate al lado derecho de la cama
debo tocarle los pies a mi primo
a las cinco de la mañana

10 steps away
lies the hidden world of my cousin's friend
at the end of the room
on the triple bunk bed
sleep the bothers of my cousin's friend
they just got here three weeks ago
it is late,
don't make any noise
they've only slept a few hours,
downtown's restaurants have kept them
busy all night
sometimes, they stay up later hoping for better tips
be careful
you might trip on something
this darkness hides my treasures
spread out in my territory of ten paces
my folding table
my new stereo
my color TV
my three pairs of shoes
my four Woolworth suits
my bed, yes, this is my home
sit down
you can place your clothes on the left
here, take these matches
electricity moved out two
months ago
lie down on the right side of the bed
I have to tap my cousin's foot at five am
it is the only way to wake him up at that hour
he has to make it to the bus stop by six
on the dot
his second job awaits
well,

es la única manera de despertarlo a esa hora
debe estar en la esquina esperando el bus a las 6 en
punto
su segundo trabajo lo espera
bueno,
no quiero aburrirte
dame un beso
te quiero
algún día nos amaremos sin tener que interrumpir
la privacidad del resto del mundo
¿y qué?
¿qué te parece mi mundo escondido?

I don't want to bore you
kiss me, I love you
some day we will be able to love one another without having to
    interrupt
the privacy of the rest of the world
so,
what do you think about this hidden world of mine?


*Translation by Quique Avilés*

# JOSÉ B. GONZÁLEZ *(1967)*

---

## Sociología 101: Ensayo sobre Inmigración Ilegal

Mis palabras acorraladas dentro de los márgenes
De un ensayo que describía la inmigración ilegal,
Cada oración tratando de seguir las reglas del trabajo
asignado.

*La investigación,*
El profesor había dicho,
Tendría que proceder de intelectuales publicados,
Expertos que habían estudiado el impacto
De la inmigración ilegal en esta nación.

Ellos tenían tíos llamados Sam,
Mientras yo tenía uno llamado Eduardo
Que cruzó fronteras
Pero nunca había cursado estudios.

¿Qué habría de hacer yo con él?

Sin un currículo,
Sin una visa,
Sin documentos de inmigración,
Él se había convertido en todo un experto
De cómo contratar al coyote adecuado.

## Sociology 101: Essay on Illegal Immigration

My words corralled inside the margins
Of a paper that described illegal immigration,
Each sentence tried to follow assignment guidelines.

*Research,*
The teacher had said,
Was to come from published scholars,
Experts who had studied the impact
Of illegal immigration on this nation.

They had uncles named Sam,
While I had one named Eduardo
Who crossed borders
But had never conducted studies.

What was I to do with him?

Without a vita,
Without a visa,
Without immigration papers,
He had become an expert
On how to hire the right *coyote,*

Ya que la Migra lo había maniatado como a un animal
En su primer intento,
Le nacieron ojos en la nuca
Y aprendió que el secreto de correr está en salir a toda
    velocidad
Antes de que la pistola haga su primer sonido.

Él                    saltó vallas
    En la
    Frontera
    Entre Estados Unidos y México
En su segundo intento
Y no paró de correr
Hasta que ya no pudo escuchar el aullido de un *coyote*
O el gruñido de los agentes de la Migra.

De nada sirvieron mis intentos
De que no se colara en mi ensayo,
Fue imposible evitar
Que corriera a través de los márgenes.

El día en que lo cité, el Tío Eduardo
Le quitó el trabajo a un investigador
Publicado que con toda seguridad
Estaba legalmente
En este país.

Mientras describía el viaje de tres semanas
Desde una estación de autobús en El Salvador
            Cruzando
                    El corazón de desiertos de cascabel
        Hasta la boca

Having been hog-tied by the Migra
On his first attempt,
He grew eyes on the back of his head
And learned that the trick to running is to sprint
Before a starting pistol makes its first sound.

He                    hurdled
        Over the
        U.S. Mexico
        Border
On his second try
And kept his feet going
Until he could no longer hear a *coyote's* howl
Or an immigration officer's growl.

As hard as I tried to keep him
From stepping foot on my paper,
It was impossible to block him
From running through the margins.

The day I quoted him, Uncle Eduardo
Took away the job of a published
Researcher who was in this country
Legally,
I was sure.

As he described the three week trek
From a bus station in El Salvador
            Crossing
                        The heart of rattling deserts
            To the mouth

De Connecticut,
Mis notas no podían alcanzar sus palabras,
Él
        Cambiaba marchas
En ruta por sus recuerdos
Como si temiera que alguien
Se los despojara.

Al colocar mi informe
Encima
De
Ensayos
Con
Títulos
Extranjeros
Ya podía ver
La calificación mediocre
Que finalmente aparecería
En la cubierta
Por permitir que mi tío
Invadiera de la misma forma que yo
Lo haría el próximo semestre
En el curso de Introducción a la Literatura Americana
Cuando levanté mi mano
Y pronuncié la solitaria palabra,
"Pero".

*Traducción de Mauricio Espinoza*

      Of Connecticut,
My notes could not catch up with his words,
He
      Shifted
Through memories
As if he was afraid of someone
Snatching them from him.

Stacking my report on
Top
Of
Essays
With
Alien
Titles
I could see the
C
That would eventually be placed
On my cover page
For allowing my uncle
To trespass the same way I would
The following semester
In Introduction to American Literature
Where I raised my hand
And uttered the lonely word,
"But."

# Escena de Los olvidados

(Niños) olvidados.
Mi abuela aprieta mis manos
entre las suyas cuando la pandilla de niños atraca
A un hombre ciego. Niños olvidados. Olvidar
Es dejar un lápiz perdido, dejar
La puerta de la casa abierta, dejar una luz
Encendida en la casa. Se olvidan nombres,
Números. Son accidentes de la mente.

Mis padres cruzaron cuando se me empezaban a caer
los dientes. Mi recuerdo de ellos está roto,
Desmoronado. Los vecinos solían decirme que ellos
Volverían con una bicicleta, que
Ellos regresarían desde un cielo norteño.

Pero después la mención del retorno cesó. La rueda
Nunca dio una sola vuelta. Yo aparto la vista
De la pantalla. Los niños que roban
Que mendigan que timan que pagan golpe con golpe que
Mienten que saquean que hurtan que pillan que
Piratean que usurpan que dejan las luces
Encendidas, ellos no olvidan. A mí mismo me susurro,
*Ellos. Yo. No seremos olvidados. Yo. Ellos.*

*Traducción de Mauricio Espinoza*

## Scene from Los olvidados

Forgotten (children).
My grandmother tightens her hands
Around mine when the gang of children robs
A blind man. Forgotten children. To forget
Is to leave a pencil behind, to leave
A house door open, to leave a light
On inside a house. Forgotten are names,
Numbers. They are accidents of the mind.

My parents crossed when I started losing
Teeth. My memory of them is broken, chipped
Away. Neighbors used to tell me that they
Would come back with a bicycle, that
They would ride back from a northern sky.

Then the talk of returning stopped. The wheel
Never made a circle. My head turns away
From the screen. The children who steal
Who beg who cheat who punch back who
Lie who loot who pilfer who plunder who
Pirate who poach who leave the lights
On do not forget. I whisper to myself,
*They. I. Will not be forgotten. I. They.*

## No seremos niños (olvidados).
## Escena con Dolores del Río

Desde el río. Las penas
Fluyen, comienzan con un sacrificio,
Dolores. Su rostro atrae
La mirada de un isleño. Y al mismo tiempo,
Un Tarzán alto de piel clara atrae
La suya. Un anillo de fuego la circunda,
Él Tarzán, ella Dolores. Sus manos,
Alas de pájaro revolotean en torno a su cuerpo,
Semidesnudo, un *lei* cubriéndole los senos.

Caderas para los dioses. La tribu sigue
Sus movimientos, un bamboleo, una forma de decir
Seducción. Ellos alaban con tambores,
Levantan las lanzas por sobre su cabeza.
El Isleño, convencido que el espíritu de la mujer
Ha entrado en él, danza cabizbajo,
El éxtasis de la captura. Pero Tarzán
La alza en sus brazos, la lleva a su bote, lejos
De los indios exasperantes.

Tal cual es Mena, cuyos cabellos
Ondulan llenos de arena, su casa cerca
De la playa. Si yo pudiera,
Rescataría a Mena de las manchas

## Will not be (forgotten) children.
### Scene with Dolores del Río

From the river. Sorrows
Flow, begin with a sacrifice,
Dolores. Her face catches
An islander's eyes. And in turn,
A tall fair-skinned Tarzan catches
Hers. A ring of fire surrounds her,
He Tarzan, she Sorrow. Her hands,
Bird wings flutter around her body,
Half-naked, a lei covering her breasts.

Hips to the gods. The tribe follows
Her moves, a sway, a way of saying
Seduction. They worship with drums,
Raise their spears above her head.
The Islander, convinced that her spirit
Has entered him, dances with his head
Down, rapture of capture. But Tarzan
Scoops, carries her to a boat, away
From the maddening Indians.

So much of Mena, whose hair
Waves full of sand, her house near
The beach. If I could, I
Would rescue Mena from stains

En su blusa, salsa de tomate derramada
De la venta matutina de su madre,
Y la cargaría en mis hombros
Fuera de la clase, por el
corredor, y hacia un cuarto
Donde la piel no se arrugara,
Los dientes no se cayeran, y
Dolores fuera solamente un nombre.

Pero yo soy yo. Más indio
Que Tarzán.

*Traducción de Mauricio Espinoza*

On her blouse, tomato sauce spilled
From her mother's morning stand,
And carry her on my shoulders
Away from class, down
The hall, and into a room
Where skin wouldn't wrinkle,
Teeth wouldn't fall, and
Sorrow would only be a name.

But I am me. More Indian
Than Tarzan.

# WILLIAM ARCHILA *(1968)*

## La década en que el mundo conoció al país

El suelo se agrietó
como la pepa rugosa de un durazno,
y se partió en dos.
El sol detrás de las montañas
se tornó verde-olivo.

Para la niña Gloria este era su hogar.
Siguió vendiendo grandes cestos de limones,
acariciando ese frío y delgado Cristo plateado
que albergaba en su delantal. Mientras otros,
como Lito y Marvin, jugaban
a soldados en las ruinas de la escuela,
corrían entre montículos de ladrillos,
        disparándole a los pollos y a los cerdos.

Nadie sabe cómo
        temprano en la mañana
apareció en las pestañas
de todos una tenue tela de ceniza,
ni cómo llovieron del cielo truchas y caballas
palpitando, saltando por las calles.

Dicen algunos que la piel de los árboles
se sentía como periódicos viejos, secos y amarillentos.
Otros creen que la espuma del jabón
acumulada en las laderas de los ríos
se espesó como la leche.

## The decade the country became
## known throughout the world

The ground cracked
like the rough pit of a peach
and snapped in two. The sun behind the mountains
turned into an olive-green glow.

To niña Gloria this was home.
She continued to sell her bowl of lemons,
rubbing a cold, thin silver Christ
pocketed in her apron. Others
like Lito and Marvin played
soldiers in the ruins of a school,
running around mounds of bricks,
            shooting chickens and pigs.

No one knows exactly how
a light film of ash appeared
on everyone's eyelids
            early in the morning
or how trout and mackerel plunged from the sky,
twitched, leaped through the streets.

Some say the skin of trees
felt like old newspaper, dry and yellow.
Others believe the soapsuds
washed aside in rivers
began to rise in their milk.

Un lunes por la mañana cayó una lluvia
llevándose consigo el cementerio.
A la ciudad llegaron los huesos,
tocaron y tocaron a las puertas.
Las calles se convirtieron en ríos de lodo
esperando la caída de los cuerpos
entre montañas de peces muertos.

En un año, todos clavaron flores en alguna tumba.

Esto explica por qué las mujeres pensaban
y se movían como lagartijas bajo piedras,
por qué los hombres oían abejas zumbando en su cráneo,
por qué perdieron los perros el olfato,
oliendo entre los escombros para volver a casa.

En un par de años a nadie le importó
ver a las tortugas dándose de cabeza contra las rocas,
a los toros con sus ojos tristes y rotos,
a los pericos lanzándose de pico en los arroyos,
a la oscura hinchazón del suelo agrietado
o por la noche, el cuchillo
manchando un mantel.

En cambio, la niña Gloria barría el suelo,
la escoba lamía sus pies con cada movimiento.

En la terminal de buses, Marvin lustraba
botas militares
a veinticinco centavos el par,
se limitaba a escupir en el betún y en el cuero,
balbuceando oraciones fragmentadas.

One Monday morning, a rain fell
and the cemetery washed into the city.
Bones began to knock
        and knock at our doors.
Streets became muddy rivers
waiting for bodies to drop
        among piles of dead fish.
In a year, everyone stabbed flowers on a grave.

This explains why women thought
and moved like lizards under stones,
why men heard bees buzzing inside their skulls,
why dogs lost their sense of smell
sniffing piles of rubble to get back home.

In a few years, no one cared
about turtles banging their heads against rocks,
bulls with their sad, busted eyes,
parrots that kept diving into creeks,
the dark swelling of the open ground
        or at night a knife
        stained the kitchen cloth.

Instead, niña Gloria swept the ground,
the broom licking her feet at each stroke.

At the bus station, Marvin shined
military boots,
        twenty-five cents a pair,
reduced his words to a spit, a splutter
of broken sentences
        on shoe polish, leather.

En la noche, contaba las monedas
que guardaba en un frasco, luego iba rumbo a casa,
acercándose al hueso quebrantado
aferrado en la amarillenta quijada del perro.

*Traducción de Sonia Ticas*

In the evenings, he counted coins
he'd tossed in a jar, then walked home,
one step closer to the cracked bone
clenched in the yellow jaw of a dog.

# Duke Ellington, Santa Ana, El Salvador, 1974

Se pasea por el aula polvorienta y fresca,
con sus manos en los bolsillos, las sillas enfiladas,
y los niños de sexto que lo observan
en su marcha orquestral.

Se torna hacia el pizarrón
rompiendo el silencio.
"En lugar de cruzar el jardín oriental,
imaginen un desierto bajo el sol infernal."

Va chasqueando los dedos al sumar dos más uno
como diciéndolo una vez más.
Contestamos con una versión caótica de *Caravan*
con címbalos rechinantes, tambores y torcidas trompas—
ritmos ensordecidos en la fila de los saxofones.

Edwin Martínez se pone de pie, se inclina
sobre el atril, y tortura la trompeta,
Vierte sus memorias de Egipto, aprendidas en historia.
Douglas Díaz golpea los bongos
como si fueran las latas de café y leche
que tiene en casa para practicar.

## Duke Ellington, Santa Ana, El Salvador, 1974

He paces the cool, dusty classroom,
hands in his pockets, rows of chairs,
sixth-grade children looking straight
at him, watching his big-band walk.

At the blackboard, he turns
and breaks the silence.
"Instead of crossing an Oriental garden,
picture a desert under a devil sun."

He snaps his fingers two plus one
as if to say one more time.
We shout back a demented version of *Caravan*,
crashing cymbals, drums, bent horns—
muffled rhythms from a line of saxophones.

Edwin Martínez gets on his feet, leans over
the music stand and tortures the trumpet,
pouring all his memories of Egypt from history class.
Douglas Díaz slaps the bongos
exactly the same way he beats on
cans of coffee and milk at home.

El Señor Ellington palmea al ritmo,
bailando un blues de doble paso, marchando
en medio de todos como un policía de tránsito
guiando conductores en una calle congestionada.
Antes del recreo nos contará historias
de un rincón azul, lleno de humo
conocido como The Cotton Club.
Aprenderemos de las rapsodias de Harlem
desde el Barrio Latino hasta la calle 125.
Hará volar las teclas del piano en una frase sincopada
y lo escucharemos: no más guerras que estudiar.

Bien podría ser mi abuelo,
un niño de Chalantenango—
con su familia de azul-añil
proveniente del Caribe hondureño.
Podría ser él quien componga
un tono paralelo a Sonsonate,
un trombón para deslizar hasta las ruedas
de una carreta, un hombre envejecido,
sin dientes, halando su maíz.

Más que desear una tumbadora en un cabaret,
más que un sombrero y traje frente a un piano,
quiero que él regrese,
que resuene su orquesta en las puertas
de un salón de baile aledaño a un lago.
Quiero ver la pintura de las paredes despegándose,
las luces en penumbra, las pistas desapareciendo,
una trompeta gruñendo
y mi país escuchando.

*Traducción de Sonia Ticas*

Señor Ellington claps his hands along,
dancing a two-step blues, stomping
in the center of everyone like a traffic cop
conducting a busy city street.
Before break he will tell us
stories of a smoky blue spot
called the Cotton Club.
We will learn all the Harlem rhapsodies
from the Latin Quarter up to 125th Street.
He will swing the piano keys, a syncopated phrase
and we will listen: no need to study war no more.

He could be my grandfather,
black boy from Chalatenango—
indigo-blue family
from the Caribbean through Honduras.
He could be the one to write
a tone parallel to Sonsonate,
a trombone to roll to the wheels
of a cart, the wrinkled man,
toothless, pulling his corn.

More than a Congo drum in a cabaret,
more than a top hat and tails before a piano,
I want him to come back,
his orchestra to pound the doors
of a ballroom by the side of a lake.
I want the cracked paint to peel off the walls,
lights to go dim, floors to disappear,
a trumpet to growl,
my country to listen.

# Blues del inmigrante, 1980

Escondido tras nubes de humo de cigarrillo,
negro como un cuervo, transito por las calles
largo y oscuro, agrietado,
abierto como la carcasa de un gato muerto.

En cada esquina, una palmera hecha jirones
araña la luna. El vapor se alza
en cuatro círculos desde un bache.
Estoy a una guerra lejos de casa,

lejos de esa raspadura
en la rodilla del niño, de esa derrumbada esquina
territorial donde rechina la muerte
con su bolsa de huesos.

Soy hombre de pelo negro, acento burdo,
sílabas del español atrapadas en la garganta,
vocablos del inglés encerrados en un diccionario,
soy extranjero doquiera que voy.

Bajo los cruces elevados de las autopistas,
pasan ronroneando los carros,
se oxidan sus pulmones en la niebla tóxica.
Yo pienso en cuerpos sin enterrar,

## Immigration Blues, 1980

Hiding in a cloud of cigarette smoke,
black as a crow, I walk streets
long and dark, cracked,
open like the carcass of a dead cat.

Every corner, a tattered palm tree
pokes at the moon. Steam rises
out of four circles in a pothole.
I'm a war away from home,

away from that tiny scratch
on a boy's knee, that crumbled corner
of earth where death rattles
its brown bag of bones.

I'm a man with black hair, raw accent,
Spanish syllables caught in my throat,
words in English locked in a dictionary,
a foreigner everywhere I go.

Under the freeway overpass,
cars driving around groan,
their lungs rusting with smog.
I think of torn bodies, cramped,

desgarrados, amontonados, cubiertos
con maleza o polvo en una zanja. Se convierten
en objetos del noticiero nocturno, documentos
de otro país de pie pequeño,

otro Líbano, a una milla de Dios.
Me llegan en cartas,
en oraciones a medias, tinta azul que mancha
y brilla en mis dedos. Estoy perdido

entre los edificios del centro
pronunciando el sonido de sus nombres
en el techo hueco de mi boca,
deletreándolos una

y otra vez hasta que pierden su significado,
nada significan, nada.

Y se me viene encima mi país como un martillo.


*Traducción de Sonia Ticas*

unburied in a ditch, covered
in weed or dust. They become items
for the evening news, documents
from another small-foot country,

another Lebanon, a mile from God.
They come to me in letters,
mid-sentence, blue ink that stains
and glows on my fingers. I'm lost

among buildings downtown,
pronouncing the sound of their names
in the hollow roof of my mouth,
spelling them over

and over again, till they mean
nothing, nothing at all.

My country falls on me like a hammer.

## Territorio clandestino

Podría ser un retiro
hacia las gruesas marcas que dejan
los cartuchos usados, el humo de las colinas
que se fuga por las casas.

Podría ser el retorno a los cuerpos
lanzados en un depósito de lava,
y la luna que se quema como un neumático
mientras ellos yacen desgarrados e hinchados.

En realidad es el arte de la partida,
semejante al exiliado que huye
de su ciudad sin dejar palabra, el que
dormita un par de horas en el bosque.

Piénsese en el trabajador inmigrante
que pasa la sal
por encima de la hirviente sopa
o mientras hace fila para cambiar

su cheque. Reprime su nombre
y mantiene su distancia de dos metros.
Al llegar los días feriados, viaja
por las autopistas, visita parientes.

## Clandestine Territory

It could mean retreating
to the heavy trace of spent
cartridges, smoke from hilltops
scudding through houses.

It could mean going back to bodies
dumped in a black lava bed,
the moon smoking like a tire
while they lie torn & swollen.

It's an art of departure really,
very much like the exile who flees
town without a word, catches
a few hours of shut-eye in the woods.

Think of the working immigrants
while they pass the salt
over steaming bowls of soup
or while they wait in line to cash

their checks. They restrain its name
& keep their five-foot distance.
Come holidays, they travel
across freeways, visit relatives.

Se escurren las historias con la ginebra de sus botellas,
padres y madres en la década de los cuarenta
cuando eran en blanco y negro las películas
cuando podían, según ellos, buscar una novela en

el cuadrante radial AM, escuchar
el beso de unos amantes, una crepitación
o la larga ondulación del surf, su estática
estrellándose como las olas en la costa.

Y luego vuelve al camión pick-up,
de regreso al equipo de trabajo y al martillo diseñador,
a erigir otra pared, a alzar el pico
todo el día hasta hundirse a medio cuerpo en las zanjas.

Se trata de encontrar otras maneras de evadir
la cuestión, sin desvíos, sin ir
al grano tampoco, dejar la conversación
a medias, así como

el invierno aleja al sol temprano
para evitar su nombre, así como
los civiles disminuyen su paso
para eludir a los guardias que los vigilan.

Pronúnciese su nombre y volverán sus memorias
a refugiarse en los techos como francotiradores,
Dígase roca o tierra y la maleza
y el cardo se levantarán como huesos emblanquecidos.

Pronúnciese y se evocará un país
desconocido o simplemente imposible,
un embudo de niebla tóxica, una tierra de cenizas
que podrían llamar territorio clandestino.

*Traducción de Sonia Ticas*

Stories trickle out with gin from a bottle,
fathers & mothers in the forties,
when films were black & white
they say, when you could scroll

the AM dial for a drama, get a load
of the lovers kiss, a crackle
or the long curl of the surf, their static
shattering like waves on the coast.

Then it's on the pickup truck again,
back to the crew & framing hammer,
raise another wall, swing a pick
all day till they're waist-deep in the trench.

It's a matter of finding ways
around it, not to digress nor head
directly towards the subject, break
the conversation short, the way

winter pulls the sun away so early
in order to avoid its name, the way
civilians slow down their pace
to elude guards standing on watch.

Say its name and their memories turn
to hiding on rooftops like a sharpshooter.
Say rock or say dirt and the weeds
and thistles rise like bleached bones.

Say it and it conjures a country
unknown or simply impossible,
a funnel of smog, a land of ashes
they could call clandestine territory.

# GABRIELA POMA TRAYNOR *(1970)*

## miyamidosaeme

*2013*
*para Víctor Hernández Cruz*

Abre la puerta cantando:
*¡Bacalao! ¡Bacalao!*
Gira su cuerpo, bailando
Un cortao y un cigarro.

Al verlo digo, ¡Idiay chavalo!

Él, como siempre, desgarrao.
Del Nostalgia sale
Con anillo en mano.
Un paso a la derecha, va tramando:

*Chela, con ganas pa' Sergio's*
*Qu' estoy con hambre y cansao.*
*¡Vamos! ¡Vamos!*
Un cortao y un cigarro.

Al oírlo digo, *¡Ay chavalo!*

Pide un Elena Ruz al socio
Yo, como siempre, esperando
Una antigua promesa en los labios
Hecha en vano, en vano hecha.

## miyamidosaeme

2013
*for Víctor Hernández Cruz*

He opens the door singing:
*Bacalao! Bacalao!*
He spins his body, dancing
A *cortao* and a cigar.

I see him and say, *Idiay chavalo!*

He, as always, tears it up.
From Nostalgia he makes an exit
With a ring in his hand.
A step to the right, he schemes:

*Chela, con ganas pa' Sergio's
Qu' estoy con hambre y cansao.
Vamos! Vamos!
A cortao and a cigar.*

I hear him and say, *Ay chavalo!*

He orders an *Elena Ruz*
I, as always, waiting
An ancient promise on the lips
Made in vain, in vain made.

Sus dedos, dos baquetas,
Tocan sobre la orilla de la mesa
Un ritmo de por allá, ¡fuácata!
De por allá, ¿de dónde, hermano?

*La luz del faro, suave*
*La brisa del Biscayne, suave*
Un tacón y un tap,tap.
Anillo en mano. Acabando.

*¡Ay chavalo!*

*Te quiero, punto y coma.*
Sonríe y admirao,
Empuja hacia mi el plato,
*Coma y punto, ¡cha-va-lá!*
*Coma y punto, ¡fua-ca-tá!*

La noche rebalsando, *suave*
El anillo brillando, *suave*
Un tacón y aquel tap tap,
Paso a la izquierda, me va volteando.

Historias viejas hechas nuevas.
Figurando. Aquí. Comenzando. Aquí.
*¡Bacalao! ¡Bacalao!*
Y sobre el speaker Johnny canta:
*Patacón pisao, pisao. Patacón pisao.*

His fingers, two *baquetas*,
Play the edge of the table
A rhythm from over there, *fuácata!*
From there, from where, *hermano?*

*La luz del faro, suave*
*La brisa del Biscayne, suave*
A heel and a tap, tap.
A ring in the hand. An ending.

*Ay chavalo!*

*Te quiero, punto y coma.*
He smiles and amazed,
Hands me the plate,
*Coma y punto, cha-va-lá!*
*Coma y punto, fua-ca-tá!*

The night overflowing, *suave*
The ring shining, *suave*
A heel and that tap tap,
Step to the left, spinning me.

Old stories made new.
Performing. Here. Opening. Here.
*Bacalao! Bacalao!*
And on the speaker Johnny sings:
*Patacón pisao, pisao. Patacón pisao.*

*Translation by Tania Pleitez Vela*

## La Pelona (desnuda, a la intemperie,
no-femenina, calva, calva, calva)

Las lonas andrajosas anuncian a los comerciantes
que llegan sin libros a la venta sobre sangres o cabellos,
ningún libro sobre lo que las madres cargaban en sus trenzas.

Los soldados españoles disfrazan a las esclavas nativas de
doncellas españolas
después los Pueblo ensartan el filo de la montaña en sus bocas.
Por cada victoria de guerrero Pueblo, una mujer de trofeo.*

**mira que si te quise, fue por el pelo***

Valiendo la vida de un soldado español, Camila huyó en busca
de cintos dorados.
Persiguiendo las gracias de unas bodas de sangre; corte de pelo
con machete de piedra,
cortesía de su marido, su único botín.

*Vieron como cayó, como muñeca de trapo* al suelo, *cuentos*
de los que nadie anotó cómo, con la cabeza a sus pies, limpió
la hoja con sus cabellos.

**ahora que estás pelona ya no te quiero**

## La Pelona (Bare, Uncovered, Unfeminine, Bald, Bald, Bald)

Tents held up with raggedy cloth signal the merchants'
arrival with no books for sale about blood or hair,
no books about what the mothers carried in their braids.

Spanish soldiers dress up native slave women as Spanish
    maidens
after Pueblo people push sharp edge of mountain into their
    mouths.
For every Pueblo warrior success, a woman the prize.

**mira, que si te quise, fué por el pelo**\*

Worth the life of one Spanish soldier, Camila fled in search of
    bright sashes.
Pursuing perks of marrying into sangre, stone machete haircut,
courtesy of her husband, her only bounty.

Vieron como cayó, como una muñeca de trapo on the ground,
    cuentos
no one ever inked noted how with her head at his feet, he wiped
the blade with her tresses.

**ahora que estás pelona ya no te quiero**

María Rosalía desobedeció a Don Francisco; arrancándola de
las mantas, le midió
las costillas con su Nombre; con su Honor, las piernas; llevó las
tijeras
a sus *trenzas*, se las tiró a la cara.


**mira que si te quise, fue por el pelo**


Francisco, en esta vida o en la siguiente, sentirás mi calor en tu
cara,
mis dedos por las arrugas de tu piel. Así como Maria Francesca
anuda un cincho alrededor del cuello de su marido—su madre
se hiende en su Pecho.


**ahora que estás pelona, ya no te quiero.**


Los espíritus se burlan de ti, te hacen pensar si mis trenzas
están rodeando
tus arterias, los bucles traicionados se divierten con la piel
tras tus brazos.
Me río, estoy ocupada entrelazando canciones de resistencia.

*Nuestras hijas se dejan crecer el pelo en conmemoración*
*inmigrando, trabajando, el pelo de nuestros hijos fue cortado*
*Nuestras hijas se dejan crecer el pelo en conmemoración*
*educados, encarcelados, el pelo de nuestros hijos fue cortado*

Bajo capas de roca y tierra, las melodías sepultadas lloran
hijos que intentan ser hombres –el cabello de nuestras hijas

María Rosalía defied Don Francisco. Plucking her from cover,
he slapped
his name across her back, his honor on her legs, took scissors
to her trenzas, threw them in her face.

**mira, que si te quise, fué por el pelo**

Francisco, this life or next, you will feel my warmth on your face,
fingers along the lines on your skin. Just like Maria Francesca
tying a belt around her husband's neck—her mother cutting
into his chest.

**ahora que estás pelona ya no te quiero**

Phantoms tickle and taunt, make you wonder if my braids are
circling
your arteries, betrayed locks that tease the skin behind your
arms.
Laughing, I am busy tying together survival songs.

*Our daughters' grow their hair in remembrance*
*immigrating, laboring, our sons' hair was cut*
*Our daughters' grow their hair in remembrance*
*educated, incarcerated, our sons' hair was cut*

Under veils of dirt and rock, buried songs lamenting
sons trying to be men--our daughters' hair

cut, in penance. Our daughters' hair cut, in penance.

cortado, en penitencia. El corte de pelo de nuestras hijas,
como penitencia.

'**mira, que si te quise, fue por el pelo,
ahora que estás pelona ya no te quiero.'**

*Traducción de Betsabé García*

* Cita del cuadro de Frida Kahlo "Autorretrato con pelo corto."

* N. de la T. Los Indios Pueblo son un conjunto de etnias nativas del norte de América
que habitan en el estado de Nuevo México. Reciben este nombre por su tipo de vivi-
enda, casas hechas de barro –en lugar de los conocidos tipis– cuya agrupación recuerda
a una urbanización de baja densidad geográfica. Enemigos antológicos de la tribu de
los navajos, hoy día, su principal fuente de ingresos son la agricultura y la cerámica,
especialmente valorada por su calidad artística. En esta estrofa, la poeta se refiere a la
revuelta de los Indios Pueblo contra los españoles (1680), durante la cual se repartieron
entre ellos a mujeres, como trofeos.

'mira, que si te quise, fué por el pelo,
ahora que estás pelona ya no te quiero.'

\* Quote from Frida Kahlo painting "Self Portrait With Cropped Hair."

# Usted está aquí

**1.**

Las luces deslumbrantes –puntos en el mapa– señalizan
nueve horas de carretera.
Un diario da vueltas al tempo de una canción bobinada en
cintas de cassette setenteras
desde parlantes montados entre paneles y el casco alfombrado
de una chevy van marrón.
Mecida por la música que me cuenta mentiras, me duermo
sin asiento ni cinturón,
siempre necesitaré ajustarme las correas. Me desperezo,
mis hombros se serenan
en la parte de atrás de un bus del amor hippie salvadoreño.

**2.**

Al norte de una sucesión natural de arecáceas, un buen
trecho de suelo de madera
se levanta entre el zumbar de Mission Street y la palma de
una mano cruzando su cara
de mujer. Un budista usa bolsitas de té y mantras para
remendar un cordón umbilical roto
para que nos quede claro a todas nosotras, a su madre
erguida en la vieja silla,

## *You are Here*

### 1.

Flashing lights—dots on a map—beacon from nine hours of road.
Paper unrolls
to the tempo of seventies cassete tapes spooling song from speakers
    mounted between
the paneling and carpet hull of a brown chevy van. Swaying to the
    music that lies to me
as I sleep without a seat or a belt, I will constantly need to adjust
    straps. Straightening,
my shoulders settle for solace in the back of a Salvadoran hippie
    love bus.

### 2.

North of naturally occuring arecaceae, a long stretch of wood
    floor stands between the buzz
of Mission Street and the palm of his hand across her cheek. A
    Buddhist using tea bags
and mantras to mend a broken umbilical cord clarified for us, all
    of us, his mother
sitting upright in the old chair, my mother swiping away spirits,
    my eleven-year-old-self, que él

mi madre largando espíritus, mi yo-de-once-años, *que él era*
    *el hombre* al mando
–en caso de que hubiera alguna duda–. El bueno del tío
    busca un nuevo nombre
a la vez que desmorona la ilusión de una niña que un lugar
    seguro existe. ¿Cómo allanas
las esquinas de una vieja foto, la urgencia de aceptar el
    orden de las cosas? Ella sí irrumpió
en la casa de la vieja, pasó por su lado con un fuerte empujón,
    chillar hasta desgañitarse.
Contorno negro de cinco dedos sobre la piel, la sombra ató
    nuestras lenguas.
Mira cómo la balanceas, puede que un hombre la contenga
    en su lugar. Labios fruncidos
sostienen su cigarrillo, en realidad lo único que él necesitaba
    era una mano.

3.

Desvío de ruta hacia proclamaciones de orgullo. Entre una
    concepción de arena negra,
barrio de inmigrantes: lloré por primera vez en Hollywood.
    Años atrás en la autopista,
enredada entre sirenas buscando la entrada de la casa
    cargando perros muertos,
tíos asesinados trazaron mi peregrinación lejos de los árboles
    deshonestos
con la promesa de un lugar de vacaciones y estrellas de cine
    en el set de un desierto.
El movimiento previene las cicatrices, pero las huellas no
    borran las marcas de nacimiento.
¿Cómo es que no estás loca, cómo –preguntan tranquilos
    los amigos bienintencionados– saliste viva?

era el hombre, in charge—in case there was a question. The good
        uncle looking for a new title
as he crumples a little girl's illusion that safe is somewhere. How
        do you
flatten the edges of an old photo, the urge to accept the order of
        things? She did
barge into the old woman's house, push past her too hard, yell
        in too high a pitch.
Black outline of five fingers on skin, the shadow tied our tongues.
        Watch how you swing it,
a man might force it back into place. Pursed lips holding his
        cigarette, he only really needed
one hand.

3.

Detour en route to proud proclamations. Between black sand
        conception,
barrio migration—I cried first in Hollywood. Years behind the
        freeway,
tangled in sirens pulling up to the driveway bearing dead dogs,
murdered uncles shaped my pilgrimage away from dishonest
        trees
promising vacation spots and movie stars on the set of a desert.
        Movement
prevents scar tissue, but footsteps don't erase birthmarks. How
        come you're not
crazy, how, well-meaning friends ask quietly, did you make it out
        alive?

4.

Los espíritus hacen señas desde un pasillo preescolar, un
 patio de juegos, una ruta de autobús,
pupusas para llevar, a lo largo de Vermont y Melrose. Puntitos
 a lo largo de la cuerda anudada
de la 101. La promesa de Santanecas que llegan en parejas, de
 parientes de Daly City, de camisetas
de San Francisco labradas, se atasca en tifones de sentimientos
 a gritos, mejor dejar las escenas
repetidas en estáticos y breves indultos como focas ladrando al
 fondo del acantilado.
La camioneta estacionada: todos necesitábamos dormir en la
 parte de atrás
de un bus del amor hippie salvadoreño. El hogar acaba siendo
 un tapiz de desvíos
y desastre y la carretera entre los puntos de un mapa.


*Traducción de Betsabé García*

4.

Phantoms beckon from a corridor of preschool, playground, bus
        route, pupusa take out,
along Vermont and Melrose. Puntitos along the knotted rope of
        the 101. The promise
of Santanecas that come in twos, Daly City parientes, embossed
        San Francisco t-shirts, chokes on
typhoons of yelled sentiment, replayed scenes better left in static
        and short sweet reprieves
like seals barking below the cliff. Van parked--we all needed to
        sleep in the back
of the Salvadoran hippie love bus. Home turns out to be a tapestry
        of detour
and disaster and the road between the points on the map.

## LORENA DUARTE *(1976)*

## Lengua de pedernal

Cuando yo tenía cuatro años
Por poco me corté la lengua
Me resbalé y la perforé nítidamente con mis dientes,

Apenas colgaba de dos trocitos.

Si no me creés, besame y sentirás la cicatriz.

Me acordé de esto hace poco cuando un amigo me contó
Que de acuerdo con el calendario azteca, el año de mi
           nacimiento se llama Tekpatl
Tekpatl, que significa pedernal
Que es una metáfora de la lengua, las palabras, y
           especialmente las palabras que perforan –

¿Qué?

Parece que las estrellas me idearon
Una lengua de pedernal,
Una lengua rota y dividida
Una lengua remendada, milagrosa
Una lengua sobreviviente
Una lengua agradecida, consciente de su destino casi mudo
Una lengua urgente

## Flint Tongue

When I was four
I nearly cut off my own tongue
Slipped and neatly pierced it with my teeth,

Hung on by two little bits.

If you don't believe me, kiss me and you will feel the scar.

Was reminded of this recently when a friend told me that
According to the Aztec calendar, the year of my birth is
         called Tekpatl
Tekpatl, which means flint
Which is a metaphor for tongue, words, and especially words
         that are piercing –

Huh.

The stars then, devised me
A flint tongue,
A split and shattered tongue
A patched up, miracle tongue
A survivor tongue
A grateful tongue, aware of its nearly mute destiny
An urgent tongue

Hecha de palabras que perforan
Hecha para palabras que perforan
Una lengua mordida, mordiente
Una lengua hecha para látigos
Y para el placer.

Las hojas están afiladas
Y listas,
La boca sangrienta
Ella, lista para hablar:

La Biblia dice que un golpe de lengua quiebra los huesos
Muchos han caído al filo de la espada;
Pero son menos que los caídos a causa de la lengua.

Aunque yo no crea, estoy de acuerdo
Porque después de todo, la lengua es el músculo más
          fuerte del cuerpo
En términos técnicos,
Es un hidrostato muscular, similar a los brazos de un
          pulpo,
E igual de aferrado

Capaz de sofocar, triturar y agarrar

Esta, esta, esta – es una lengua combatiente
Una lengua de miel –
Una lengua lista para renunciar a traidores y tontos
O para arbitrar finales pacíficos.

Cuenta los relatos de aquellos cuyas lenguas han sido
          arrancadas y silenciadas
Una lengua substituta
Una lengua atada en nudos

Made of words that are piercing
Made for words that are piercing
A biting tongue, a bitten tongue
A tongue made for lashings
And for pleasure.

The blades are sharpened
And ready,
The bloody mouth
She, ready to speak:

The Bible says that the stroke of the tongue breaketh the bones
Many have fallen by the edge of the sword;
But not so many as have fallen by the tongue.

Though I don't believe, I do agree
Because after all, the tongue is the strongest muscle in the
        body
In technical terms,
It is a muscular hydrostat, similar to the arms of an octopus,
And just as clingy.

Able to suffocate, crush and grab

This, this, this – is a battling tongue
A honey tongue –
A tongue ready to renounce traitors and fools
Or to mediate peaceful endings.

Tells the stories of those whose tongues have been cut
        out and silenced
A surrogate tongue
A tongue tied up in knots

Muda y congelada
Por los ruegos del mundo
Una lengua gritona
Una lengua llorona
Una lengua problemática para madres, predicadores
    y políticos,
A la que le dicen
Muchachita contené tu lengua

¿Ajá? ¡Claro!

Pero lo admitiré, a veces
El gato me ha comido la lengua y
Me convierto
En una lengua confundida
Una lengua fronteriza
Ella – que habla en dos lenguas
Y se le olvida lo que está diciendo
Se le olvida en cuál lengua habla
Se le olvida cuál es la lengua común de ese día
¿Cortés y refinada?
¿O condimentada y guisada?

Porque soy una lengua camaleón que
Desenrollará
Desplegará
Desgonzará – a vos –

Dumb and frozen
By the world's weeping
A tongue that screams
A tongue that keens
A problem tongue for mothers, preachers and politicians,
Who gets told
Young lady hold your tongue

Huh, as if.

Though I will admit, at times
The cat's got my tongue and
I become
A confused tongue
A border tongue
She – who speaks in two tongues
And forgets what she is saying
Forgets which one she is speaking
Forgets which is the common tongue for that day
Polite and smooth?
Or peppered and stewed?

Because I am a chameleon tongue that will
Unroll
Unfurl
Unhinge – you –

Lengua trabada,
Lengua atada
Lengua picada y frita
Que es mi clase de taco favorito por cierto
Pero divago, y entonces
Permítanme confesar que amo a los muchachos con
        lenguas atrevidas
Lenguas feroces, lenguas valientes,
Lenguas sin temor de decir
Te quiero
Lo siento
Mentí
Sin vos me echaría a morir.

Pues enrollá esa lengua entonces, porque no todo el
        mundo puede hacerlo
Abrí la boca y decí ahhhh
Sacá la lengua
Porque me gusta una lengua tentadora
A qué sabe tu lengua
¿Dulce?
¿Salada?

El amor, la mierda, todo sale rodando de tu lengua.

Mi lengua suelta te recordará que con tu lengua
Comés, traicionás,
Masticás, fornicás,
Tragás, seguís
Probás, desperdiciás,
Hablás, te negás
Zumbás, cantás –

Tongue twisted,
Tongue tied
Tongue chopped up and fried
Which is my favorite kind of taco by the way
But I digress and so
Allow me also to confess that I love boys with bold tongues
Fierce tongues, brave tongues,
Tongues not afraid to say
I want you
I'm sorry
I lied
Without you I would curl up and die.

So curl that tongue then, because not everyone can
Open up and say ahhhh
Stick out your tongue
Because I love a teasing tongue
How does the tongue taste
Sweet?
Salty?

The love, the shit, it all just comes rolling off this tongue.

My loose tongue will remind you that with your tongue
You eat, you cheat,
You chew, you screw,
You swallow, you follow
You taste, you waste,
You talk, you balk
You zing and you sing –
My mother tongue is double edged and gleaming

Mi lengua materna tiene doble filo y destella
Sin duda es una lengua de pedernal
Con metáforas siempre listas en la punta de mi –
Lengua – una lengua ácida
Una lengua hecha para besar
Amar, suplicar
Una lengua bifurcada
Una noble lengua

Las hojas están afiladas
Y listas
La boca sangrienta
Ella, lista para hablar.

*Traducción de Mauricio Espinoza*

Truly a flint tongue
With metaphors always ready at the tip of my –
Tongue – an acid tongue
A tongue made for kissing
Loving, pleading
A forked tongue
A noble tongue

The blades are sharpened
And ready
The bloody mouth
She, ready to speak.

## De calcetines y sándwiches

Aquí y allá – pero cuál es –
¿Quién es ésta para estar haciendo preguntas?
Yo haré las preguntas aquí.

Mirá aquí tenés calcetas – de encaje, delicadas
Llevadas en lindos autos a la escuela
Y pasando por encima –

Luego aquí están los calcetines, grises, olvidados nones
Que no tienen su pareja
Como vos ahí y yo aquí

De encaje, grises, zurcidos (sí, aquí todavía hacemos eso.)
Y guardados. Ambos aún esperan
Listos, a nuestra disposición.

Y luego: los sándwiches

Aquí yo – vos, soñamos sueños de Scooby
Altos y en capas con rebanadas de queso que no se
          desmoronaban
Tan altos que necesitarías un cordel para sostenerlo
          todo y morder.

## *Of Socks and Sandwiches*

Here and there – but which is –
Who is this to be asking the questions?

I'll ask the questions here.

Look here are calcetas – lacy, delicate
Driven in nice cars to schools
And stepping over –

Then here are the grayed forgotten *nones*
Unmatched with other
Like you there and me here.

Lacy grayed darned (yes we still do that here.)
And kept. Both still waiting
Ready at my and our disposal.

Then sandwiches

Here I – you, we dreamed Scooby dreams
Of tall and stacked with slices of cheese that didn't
          crumble
So tall you'd need a string to hold it all and bite.

Pero allá y entonces
Nos comimos el chumpe con curtido, salsa chorreando,
El guisado de tomate más profundo
Entre bollos de pan francés tipo Ahuachapán demasiado
grandes para morder.

Uno en capas
Uno con la salsa chorreando
Y ambos demasiado grandes.

¿entonces quién era
                              ésta? ¿en
          aquello de nunca
                    siempre
          ahora?
                              En lo que nunca fue
                    Yo muerdo
Me los pongo
                              me los arranco.


*Traducción de Mauricio Espinoza*

But there and then
We ate the sauce-dripped *chumpe con curtido*
The deepest tomato stew
Between too big to bite French via Ahuachapan type
loaves.

One stacked
One saucy and running over
And both too big.

so who was

              this?  in
    that of ever
        over
  now?
              In the never was
      I bite
I pull up
                pull down.

# MARIO ESCOBAR *(1978)*

## El síndrome de la posguerra

Les doy
al hombre trastornado
con su aroma de pétalos de carne
Observen con cuidado
las ramitas desnudas
de mi mirada
se violentan
con cada sílaba
bienvenidos
al teatro bajo mi piel
tragedia en desnudo
aliento en agonía
herido
manchado estoy
esperanzas que se retiran
por mi garganta
entren en el trance
incontrolable agobio
bajo un junio que quema
Miren a la muerte
jineteando
caballo en pleno galope
sin dirección
sobre triturados huesos
Yo nunca pago
siempre
es gratis la entrada

## Postwar Syndrome

I give you
the twisted male
with the scent of flesh petals
Look carefully
the naked twigs
of my stare grow violently
in each syllable
welcome to the theatre
under my skin
tragedy in the nude
agonizing breath
wounded
stained I am
hopes retreat
down my throat
Enter the trance
wild sorrow
under a burning June
Look at death mounting
galloping horse
with no direction
over shattered bones
I do not pay
it is always
a free admission

¡Bienvenidos!
¡Bienvenidos!
¡Bienvenidos!

zapateo
a doble ritmo
chasqueo los dedos
zapateo una vez más
chasqueo los dedos de nuevo
¡qué risa!
así
es
como
yo
bailo
en
la
oscuridad

*Traducción de Sonia Ticas*

Welcome!
Welcome!
Welcome!

shuffle the feet
snap the fingers twice
shuffle the feet once more
snap the fingers once
what a lark!
this
is
how
I
dance
in
the
dark

# ELSIE RIVAS GÓMEZ *(1979)*

## Las mujeres

Liliana sentada en la hamaca
se ríe de nosotras que estamos en biquini
mientras nos lavamos el pelo con champú embotellado,
en lugar de la barra de jabón que ella usa para lavar
su pelo, cuerpo, vestidos, platos, ollas, sartenes,
pollos, sus hermanitos y hermanitas.

Ámbar y yo sonreímos, sabemos muy bien
que somos absurdas. Nos turnamos para sumergir
un guacal en la pila y echar el agua fresca
sobre cada una. El gallo huye
del chapoteo de nuestros pies.

Un ternero tropieza dando vueltas por el cerco
a la vez que empezamos a lavar nuestra ropa.

La ropa que Liliana lavó esta mañana
cuelga de cinco cuerdas a lo largo del patio.
Los shorts escoceses son de Marlon,
rayos de luz disparados a través
de los agujeros de la camisa de Ismael,
los cuatro calcetines rosados de Marti vuelan
al lado del vestido verde de Mamá.

## Las mujeres

Liliana sits in the hammock
laughing at us in our bikinis
as we wash our hair with bottled shampoo,
instead of the bar of soap she uses to wash
her hair, body, clothes, dishes, pots, pans,
chickens, her little brothers and sisters.

Amber and I smile, know full well
that we are absurd. We take turns dipping
a bowl into the basin and pour the cool water
on each other. The rooster runs away
from our splashing toes.

A calf stumbles around behind the fence
as we start washing our clothes.

The laundry Liliana washed that morning
hangs on five clotheslines across the courtyard.
The plaid shorts are Marlon's,
rays of light shoot through
the holes of Ishmael's shirt,
Marti's four pink socks flutter
next to Mamá's green dress.

No identifico el resto de la ropa,
supongo que alguna debe ser de los hermanos
que no he conocido. Mamá te dirá
que tiene doce niños,
a pesar de que solo parió a cuatro.

Tras la guerra, tantos niños quedaron huérfanos
que "Mamá" se convirtió en el nombre de la mujer
que te llevaba a casa; "Papá", el hombre
en quien ella confía verte bañar,
"Mana" la niña que te presta su cepillo de dientes,
"Mano" el niño que te pega chicle en el pelo.

Lavo un par de panties entre mis manos,
intento esconder la mancha rojo oscuro,
pero Liliana la ve.
"Ya te ayudo", dice, y me sonrojo.

Coge los panties de mi mano
los tiende sobre la roca, restriega la barra de jabón
sobre la mancha y brega el algodón
sobre la piedra lisa hasta que quedan limpios.

Liliana se mueve como Mamá
mientras lava mi sangre.

Está acostumbrada al olor de la sangre bajo sus uñas,
sabe que la vida brota de las heridas más profundas.

*Traducción de Betsabé García*

I can't place the rest of the clothes,
know some must belong to the brothers
I haven't met. Mamá will tell you
she has twelve children,
even though she only gave birth to four.

After the war, so many children were orphaned
that "Mamá", became the name of the woman
who took you home, "Papá" the man
she trusts to see you bathe,
"Mana" the girl who loans you her toothbrush,
"Mano" the boy who puts gum in your hair.

I scrub a pair of panties between my hands,
try to hide the dark red stain,
but Liliana sees.
"*Ya te ayudo,*" she says, and I blush.

She takes my panties from my hand
lays them on the rock, runs the bar of soap
over the stain and works the cotton
on the smooth rock until it's clean.

Liliana moves like Mamá
as she washes my blood away.

She is accustomed to the smell of blood under her nails,
knows that life springs from the deepest wounds.

# Las estaciones

Hay un muro. De él cuelgan catorce esbozos.
"Es un proyecto de estudiantes", nos dice el Padre,
"Hicieron los esbozos a partir de fotos."

Me fijo en la imagen en blanco y negro
de una mujer cuyo cuerpo está atado
con alambre de espino, sus ojos abiertos
y silenciosos. Le faltan los pezones,
la sangre fluye al suelo.

No decimos nada. Cruzamos y descruzamos
los brazos a medida que avanzamos por la capilla.

La cara de Mark está tensa y sigo su mirada
hacia el muro. Un hombre está desnudo
y desgarrado, de rodillas sobre un canto rodado
mientras la mano de un bebé descansa sobre su talón.

Estas imágenes nos muestran lo invisible.
Los desaparecidos aparecen en esta capilla
como si fueran otra vez gente.

Hay un muro. De él cuelgan catorce bocetos.
Cuando toqué uno vi a dios:

era cualquiera, y estaba destrozado y en todas partes.

*Traducción de Betsabé García*

## *The Stations*

There is a wall. On it hang fourteen sketches.
"It's a student project," Father tells us,
"They made the sketches from photos."

I stare at the black and white image
of a woman whose body is laced
with barbed wire, her eyes open
and silent. Her nipples missing,
blood flowing back to the ground.

We say nothing. We cross and uncross
our arms as we move through the chapel.

Mark's face is tight and I follow his gaze
to the wall. A man is stripped
and torn, kneeling over a boulder
while a baby's hand rests on his heel.

These pictures show us the invisible.
The disappeared appear in this chapel
as people again.

There is a wall. On it hang fourteen sketches.
When I touched one I saw god–

he was common and broken and everywhere.

JAVIER ZAMORA *(1990)*

---

## Inmigrar es amar a dos mujeres

Es susurrar un *te amo* y un *I lov yu*
cuando me rastrean. Ambas mujeres siembran

esas tres sílabas en mis oídos. Mis dedos rasgan
sus cuellos cuando sus disímiles suspiros esparcen

escalofríos por mi espalda. Es dejar una
por la otra. Son soplos de un segundo

en sus estómagos. Un lambido. Luego, yugos
resguardan las dudas de mis pasos esparcidos.

El trigo de ella brilla. Sus manos extendidas
erosionan los pulgares de la otra. Las guadañas

desfilan los corbos del ayer. Es el arrepentimiento
de un mes, ese nudo de mi nuca. Intenta amar

dos veces. Busca el cañal. Amo cómo la muerte palpita
dentro de una botella de agua, en el desierto.

*Traducción de Kiara Covarrubias y Javier Zamora*

## *Immigrating Is Loving Two Women*

It's whispering *te amo* and *I lov yu*
when they scour for me. Both sow my ears

with those three syllables. My fingers furrow
their necks when their not-same sound scatters

goosebumps in my lower back. It's leaving one
for the other. It's second-long blows

on their stomachs. A lick. Then, yokes barricade
my questioning of each sprinkled step

I've taken. Her wheat shimmers. Splayed hands erode
the other's thumbs. Scythes dull yesterday's

machetes. It's the month-old regret, that knot
at the back of my neck. Try loving

twice. Search sugarcane. I love how death lives
inside a closed water bottle, in the desert.

## Llamadas telefónicas

¿Hola mijo, mi Mario Bros, cómo estas?

Me encachimba cuando llama. La última vez
    me perdí el episodio de Dragon Bol Zeta.
    Esta vez le pedí un muñeco, el que alumbra de
    amarillo el pelo negro de Goku, el
    que no's normal sino Super Sayayin.
    Eso significa volar súper rápido.

Mi Super Mario Bros se perdió en el viento. La semana
    pasada
    no llamó pa' preguntarme sobre el Huracán Mitch.
    Quiero contarle que mis brazos son fuertes,
    mis brazos son fuertes como postes de luz.

Cuando llama, corro al otro lado de la calle
    a la casa de Don Vaquero. Cuando él regresó
    se trajo un teléfono blanco.

Quiero un teléfono. Pa' mi cumple ella mandó este peluche
    de Mario Bros. Mandó una tele, blanco y negro.
    Esta navidad rezaré por una en color.

Quiero que regrese. Quiero ser Super Sayayin.
    Quiero un teléfono. Sólo cuando cuelga
    me llama su Super Mario.

## Phone-Calls

¿Hola mijo, mi Mario Bros, cómo estás?
I don't like it when she calls. Last time
    I missed my episode of Dragon Bol Zeta.
    This time I asked her for a toy, the one
    that lights Goku's black hair yellow, the one
    that's not normal but Super Saiyan.
    That means flying super fast.

I lost my Super Mario Bros to the wind. Last week
    she didn't call to ask about Hurricane Mitch.
    I want to tell her my arms are strong
    and my arms are strong like phone lines.

When she calls I walk across the street
    to Don Vaquero's. When he returned
    he brought back a white phone.

I wish I had a phone. She sent this stuffed Mario Bros
    for my birthday. She sent this black-and-white TV.
    Christmas I'll pray for color.

I wish she returned. I want to be Super Saiyan.
    I wish I had a phone. Only when she hangs up
    she calls me her Super Mario.

Luz, Girasol, Oro, así llama al bebé que cuida.
Me encachimba cuando me llama Super Mario.
Quiero ser un Super Sayayin.

Cada dos semanas termina con
adiós mijo, mi Super Mario, te cuidás.

Quiero que llueva y llueva allá arriba
  pa' que ella sepa que mis sábanas se inundaron
  y que los chuchos no ladraron cuando el Huracán
  Mitch
  susurró arrurru mi niño como ella algún día lo
  hizo.

*Traducción de Kiara Covarrubias y Javier Zamora*

She nicknames the baby she sits Luz, Girasol,
Oro. I don't like it when she calls me Super Mario.

I want to be a Super Saiyan.

Every two weeks she ends with
adiós mijo, mi Super Mario, te cuidas.

I wish it rained and rained up there
so she knows bed-sheets flooded
and dogs didn't bark when Hurricane Mitch
whispered there there like she used to.

# Instrucciones para mi entierro
## significa Estero de Jaltepec

No se atrevan a quemarme en un horno de metal,
             quémenme
     en el jardín de mi Abuelita
y envuélvanme en azul-blanco-azul.
     [ a la mierda patriotismo ] Mójenme
en el gin más barato. Cualquier cosa que hagan,
             no juzguen mi hogar. Con un corvo
conviertan mis cenizas en el más fino polvo
     [ envuelvan mi pito en los calzones de esposas,
hijas y abuelas de presidentes,
             pa' que yo sueñe con pisar ] Por favor,
sin curas, sin cruces, sin flores. Róbense una petaca
             y métanme dentro. Música a explotar. Vístanse
bien pimp-it-is-nice. Emborráchense,
             por favor [ falten al trabajo
y pisen otra vez ] Que truenen los tambores
             marciales. Que griten las guitarras
guerrilleras y escuchen la guerra
             interna [ sin mierdas americanas por favor ]

Parrandeen hasta el muelle, mi bailada procesión.
             Ánclenme en una lancha
[ de veras que sea una lancha ]
             timoneada por un bicho* de nueve años
hijo de un pescador. Apúrense hasta llegar al centro
             del Estero de Jaltepec. Léan

## *Instructions For My Funeral*
### *Means Estero de Jaltepec*

Don't you burn me in no steel furnace, burn me
        in my Abuelita's garden
and wrap me in blue-white-and-blue.
        [ a la mierda patriotism ] Douse me
in the cheapest gin. Whatever you do,
        don't judge my home. Cut my ashes
with a machete till I'm finest dust. [ wrap
        my pito in the panties of the wives,
daughters, and granddaughters of presidents,
        so I dream of pisar ] Please,
no priests, no crosses, no flowers. Steal a flask
        and stash me inside. Blast music. Dress
to impress. Please be drunk [ miss work
        y pisen otra vez ] Bust out the drums
the army strums. Bust out the guitarras
        guerrilleros strummed and listen
to the war inside [ please no american mierdas ]

Carouse the procession dancing to the pier.
        Moor me in a motorboat
[ de veras que sea una lancha ]
        driven by a nine-year-old
son of a fisherman. Scud to the center
        of the Estero de Jaltepec. Read

"Como tú" y lancen trozos de pan.
      Mientras la lancha circula,
   abran la petaca
      para que me respiren, para que sea pan,
   para que me tomen—después, olvídenme
      y déjenme—ahogar.

* N. de la E.: bicho es un localismo salvadoreño para referirse a un niño (bicha, en femenino).

"Como tú" and toss pieces of bread.
        As the motorboat circles,
open the flask
        so I'm breathed, so I'm bread,
so I'm drunk—then, forget me
        and let me—drown.

## En El Salvador / *In El Salvador*

### René Rodas (1962)

Es autor de *Detrás de los violines y otras cuerdas* (1984), *Cuando la luna cambie a Menguante – XIII cantos en prosa* (1986), *Civilvs I Imperator – poema monólogo* (1996), *Diario de Invierno* (1997), *Balada de Lisa Island* (2004) y *Poemas de Montréal* (2011). Este último incluye dos poemarios: *El Libro de la penumbra* (1999) y *El museo de la nada* (2003). También son de su autoría *Santiago la Bellita y otros relatos* (1994) y dos estudios de investigación social: *No More Children of a Postponed Dream: The Latin American Community in Ontario* (1993); y *The Needs Assessment of the Latin American Community in Toronto* (1994), ambos publicados por The Ontario Historical Society Press. Es catedrático en la Universidad "José Matías Delgado".

René is author of *Detrás de los violines y otras cuerdas* (1984), *Cuando la luna cambie a Menguante – XIII cantos en prosa* (1986), Civilvs I Imperator – poema monólogo (1996), *Diario de Invierno* (1997), *Balada de Lisa Island* (2004) and *Poemas de Montréal* (2011). This last work includes two collections of poems: *El Libro de la penumbra* (1999) and *El museo de la nada* (2003). He is also author of *Santiago la Bellita y otros relatos* (1994) and two investigations on social issues in Canada: *No More Children of a Postponed Dream: The Latin American Community in Ontario* (1993); and The Needs Assessment of the Latin American Community in Toronto (1994), both published by The Ontario Historical Society Press. He is a professor at the Universidad "José Matías Delgado."

OTONIEL GUEVARA (1967)

Estudió periodismo en la Universidad de El Salvador y fue miembro fundador del Taller Literario Xibalbá, uno de los más importantes durante los años de la guerra civil salvadoreña. Tiene veinte poemarios publicados, ha sido traducido a ocho idiomas y ha obtenido más de una veintena de premios literarios. Es presidente de la Fundación Metáfora, director del sello editorial piscucha inhílica editores y coordinador del Encuentro Internacional de Poetas "El turno del ofendido".

Otoniel studied journalism at the Universidad de El Salvador and was a founding member of Taller Literario Xibalbá, one of the most important writing workshops during the civil war in El Salvador. Twenty of his poetry collections have been published, and his work has been translated into eight languages. Otoniel has received numerous literary honors and prizes. He is president of Fundación Metáfora, director of piscucha inhílica editores, and coordinator of Encuentro Internacional de Poetas "El turno del ofendido."

SUSANA REYES (1971)

Es profesora y licenciada en Letras por la Universidad Centroamericana "José Simeón Cañas" (UCA). Fue miembro del taller literario La Casa del Escritor y ha publicado *Historia de los espejos* (2004) y *Los solitarios amamos las ciudades* (2013). Es presidenta de la Fundación Claribel Alegría y editora de literatura de Índole editores.

Susana graduated with a Bachelor's degree in Literature from Universidad Centroaméricana "José Simeón Cañas (UCA) and she currently works as a professor. She was a member of the literary workshop La Casa del Escritor and has published *Historia de los espejos* (2004) and *Los solitarios amamos las ciudades* (2013). She is president of Fundación Claribel Alegría and editor of literature for Índole editores.

## JORGE GALÁN (1973)

Ha sido reconocido con el galardón de Gran Maestre de Poesía Nacional de El Salvador (2000). Es el autor de varios poemarios: *Tarde de martes* (Premio Hispanoamericano de Poesía de Quetzaltenango, 2004), *El día interminable* (2004), *Breve historia del Alba* (Premio Adonais, 2006), *La habitación* (2007), *Los trenes en la niebla* (Premio del Tren "Antonio Machado", 2010), *El estanque colmado* (Accésit del Premio de Poesía "Jaime Gil de Biedma", España, 2010) y *La ciudad* (2011). Sus dos novelas, *Unos ojos sombríos* (2004) y *El sueño de Mariana* (2009), han sido ganadoras del Premio Nacional de Novela de El Salvador. También destaca como autor de literatura infantil: *Una primavera muy larga* (Premio Charles Perrault, 2005), *El premio inesperado* (2008) y *Los otros mundos* (2010). Su última novela se titula *La habitación al fondo de la casa* (2013).

Jorge has been bestowed the honor of Gran Maestre de Poesía Nacional de El Salvador (2000). He is the author of many collections of poetry: *Tarde de martes* (Premio Hispanoamericano de Poesía de Quetzaltenango, 2004), *El día interminable* (2004), *Breve historia del Alba* (Premio Adonais, 2006), *La habitación* (2007), *Los trenes en la niebla* (Premio del Tren "Antonio Machado", 2010), *El estanque colmado* (Accésit del Premio de Poesía "Jaime Gil de Biedma", España, 2010) and *La ciudad* (2011). His two novels, *Unos ojos sombríos* (2004) and *El sueño de Mariana* (2009), have won the Premio Nacional de Novela de El Salvador. He is also a recognized author of children's books: *Una primavera muy larga* (Premio Charles Perrault, 2005), *El premio inesperado* (2008) and *Los otros mundos* (2010). His latest novel is *La habitación al fondo de la casa* (2013).

## Roxana Méndez (1979)

Es autora de tres libros de poesía: *Memoria* (2004), *Mnemosine* (2008) y *El cielo en la ventana* (Premio Alhambra de Poesía Americana para obra inédita, 2012). Dentro del género de la literatura infantil ha publicado *Clara y Clarissa* (2012).

Roxana is author of three collections of poetry: *Memoria* (2004), *Mnemosine* (2008) and *El cielo en la ventana* (Premio Alhambra de Poesía Americana para obra inédita, 2012). In the genre of children's literature, she has published *Clara y Clarissa* (2012).

## Krisma Mancía (1980)

Estudió Letras en la Universidad de El Salvador y Teatro en la Escuela Arte del Actor. Fue parte del taller literario La Casa del Escritor y tiene dos poemarios publicados: *La era del llanto* (2004) y *Viaje al Imperio de las Ventanas Cerradas* (Primer Premio de Poesía Joven de la editorial La Garúa, 2006).

Krisma studied Literature at the Universidad de El Salvador and Theatre at the Escuela Arte del Actor. She formed part of the literary workshop La Casa del Escritor and has two collections of poetry published: *La era del llanto* (2004) and *Viaje al Imperio de las Ventanas Cerradas* (Primer Premio de Poesía Joven de la editorial La Garúa, 2006).

ELENA SALAMANCA (1982)

Es periodista, escritora e investigadora histórica. Ha publicado la plaqueta *Daguerrotipo* (2009) y los libros *Landsmoder* (2012), *Peces en la boca* (2011) y *Último viernes* (2008). También ha realizado diversas instalaciones artísticas entre las que sobresalen *El tendedero* (2009), *La sábana* (2010), *Landsmoder* (2012) y *Solo los que olvidan tienen recuerdos* (2012).

Elena is a journalist, writer and historian. She has published the chapbook *Daguerrotipo* (2009) and the books *Landsmoder* (2012), *Peces en la boca* (2011) and *Último viernes* (2008). She has also created various pieces of installation art including *El tendedero* (2009), *La sábana* (2010), *Landsmoder* (2012) and *Solo los que olvidan tienen recuerdos* (2012).

VLADIMIR AMAYA (1985)

Estudió Letras en la Universidad de El Salvador y fue miembro fundador del taller literario El Perro Muerto (2008-2013). Es el editor de tres antologías de poesía: *Una madrugada del siglo XXI* (2010), *15 poetas salvadoreños insepultos, poetas caídos en el conflicto armado 1979-1992* (publicación electrónica, 2012) y *"Perdidos y delirantes": Poetas salvadoreños olvidados* (2012). Ha publicado la plaqueta *Los Ángeles Anémicos* (2010) y los poemarios *Agua inhóspita* (2010), *La ceremonia de estar solo* (2013) y *El entierro de todas las novias* (2013).

Vladmir studied Literature at the Universidad de El Salvador and was a founding member of the literary workshop El Perro Muerto (2008-2013). He is editor of three poetry anthologies: *Una madrugada del siglo XXI* (2010), *15 poetas salvadoreños insepultos, poetas caídos en el conflicto armado 1979-1992* (online, 2012) and *"Perdidos y delirantes": Poetas salvadoreños olvidados* (2012). He has published the chapbook *Los Ángeles Anémicos* (2010) and the poetry collection *Agua inhóspita* (2010), *La ceremonia de estar solo* (2013) and *El entierro de todas las novias* (2013).

## MIROSLAVA ROSALES (1985)

Es Licenciada en Periodismo y entre 2008 y 2013 fue miembro del taller literario El Perro Muerto. Su trabajo poético ha aparecido en diversas antologías y revistas, nacionales y extranjeras. Dirige El Monstruo Editorial. Su primer poemario *Las descargas eléctricas del corazón* está en proceso de edición.

Miroslava holds a Bachelor's degree in Journalism and, between 2008 and 2013, was a member of the literary workshop El Perro Muerto. Her poetry has appeared in a number of anthologies and magazines, both national and international. She is Director of El Monstruo Editorial, a publishing company. Her first collection of poems, *Las descargas eléctricas del corazón*, is in the process of being published.

## EN LOS ESTADOS UNIDOS DE AMÉRICA
## *In the United States of America*

## QUIQUE AVILÉS (1965)

Quique es escritor, actor y –desde su llegada a los Estados Unidos en 1980– director de proyectos de arte comunitarios. Graduado de The Duke Ellington School for the Arts, es cofundador del LatiNegro Theater Collective (1985) y de Sol and Soul: Arte y Activismo (2000). Su poesía ha aparecido en NPR (National Public Radio), en la radio local, y en varias antologías, incluyendo *How I Learned English* y *Al Pie de la Casa Blanca.* Su primer libro de poesía, *The Immigrant Museum,* se imprimió en México en el 2004. Ha escrito y representado diez *one-man shows* que versan sobre la raza y la identidad, entre ellos *Latinhood, Chaos Standing* y *Los Treinta.* Ha mostrado su obra en teatros, universidades y centros comunitarios alrededor de los Estados Unidos, Ciudad de México y El Salvador. Además de su trabajo en solitario, es el fundador y actual director de Paso Nuevo, el programa de teatro juvenil del Teatro Hispánico GALA.

Quique has been writing, performing, and leading community arts projects since coming to the US in 1980. A graduate of The Duke Ellington School of the Arts, he co-founded the LatiNegro Theater Collective (1985) and Sol & Soul: Art and Activism (2000). His poetry has been featured on NPR (National Public Radio), local radio, and in several anthologies, including *How I Learned English* and *Al Pie de la Casa Blanca. The Immigrant Museum,* his first book of poetry, was printed in Mexico City in 2004. He has written and performed 10 one-man shows dealing with issues of race and identity, including *Latinhood, Chaos Standing,* and *Los Treinta.* He has brought this work to theaters, universities, and community centers around the U.S., Mexico City, and El Salvador. In addition to his solo work, he was the founder and is the current director of Paso Nuevo, GALA Hispanic Theatre's Youth Theater Program.

### José B. González (1967)

José tiene un Doctorado en Filología Inglesa y ha publicado poesía en numerosas revistas como *Callaloo, Calabash,* y *Palabra,* y en diversas colecciones, incluyendo *Latino Boom: An Anthology of U. S. Latino Literature,* la cual también co-editó. Ha colaborado con NPR (National Public Radio), ha participado en encuentros en universidades, tales como la Universidad de Yale y la Universidad de Harvard, y ha sido lector destacado en Estados Unidos, España y América Latina. Habiendo recibido el "Poet of the Year Award" de la New England Association of Teachers of English, obtuvo la beca Fullbright en 2012, y es el editor de LatinoStories.com. Su primer libro de poesía, *Toys Made of Rock* (Bilingual Review Press), será publicado en el 2014.

José has a Ph.D. in English and has published poetry in numerous journals such as *Callaloo*, *Calabash*, and *Palabra*, and in collections including *Latino Boom: An Anthology of U.S. Latino Literature*, which he also co-edited. He has been a contributor to NPR (National Public Radio) and has presented at colleges and universities including Yale University and Harvard University, and has been a featured reader throughout the U.S., Spain and Latin America. A past recipient of the New England Association of Teachers of English "Poet of the Year Award", he is a 2012 Fulbright Scholar, and is the editor of LatinoStories.com. His first full-length book of poetry, *Toys Made of Rock* (Bilingual Review Press), is scheduled for publication in 2014.

## WILLIAM ARCHILA (1968)

Autor de *The Art of Exile*, libro ganador del International Latino Book Award en 2010 y por el cual su autor fue honrado con el Emerging Writer Fellowship Award del Writer's Center, en Bethesda, Maryland. Sus poemas han sido publicados en *AGNI*, *Blue Mesa Review*, *Crab Orchard Review* y *The Georgia Review*, entre otras revistas y antologías. Su libro fue destacado en "First Things First: The Fifth Annual Debut Poets Roundup" de Poets&Writers. Tiene una Maestría en Fine Arts (M.F.A.)

de la Universidad de Oregón y actualmente vive en Tujunga (Los Ángeles, California) con su esposa, la poeta Lory Bedikian. Su segundo libro, *The Gravediggers Archaelogy*, recientemente ganó el Letras Latinas/Red Hen Poetry Prize y será publicado en 2015.

Author of *The Art of Exile*, which won an International Latino Book Award in 2010 and was honored with an Emerging Writer Fellowship Award by The Writer's Center in Bethesda, MA. He has published his poems widely, including in *AGNI, Blue Mesa Review, Crab Orchard Review*, and *The Georgia Review*, among other journals and anthologies. His book was featured in "First Things First: the Fifth Annual Debut Poets Roundup" in Poets&Writers. He holds an M.F.A from the University of Oregon and currently lives in Tujunga with his wife, the poet Lory Bedikian. His second book *The Gravedigger's Archaeology* recently won the Letras Latinas/Red Hen Poetry Prize and will be out in 2015.

## GABRIELA POMA TRAYNOR (1970)

Gabriela obtuvo una licenciatura y un posgrado en lenguas y literaturas romances en la Universidad de Georgetown y en la Universidad de Stanford, respectivamente. En la actualidad es directora ejecutiva de la Cultural Agents Initiative en Harvard. Ha trabajado como editora y educadora y sus escritos han sido publicados en varios medios, incluyendo la *Revista Letral, FEM* y *Vogue Latinoamérica*.

Gabriela received her undergraduate and graduate degrees in Romance Languages and Literatures from Georgetown and Stanford Universities and currently is Executive Director of the Cultural Agents Initiative at Harvard. She has worked as an editor and educator and her writing has been published in various media outlets including *Revista Letral, FEM* and *Vogue Latinoamérica.*

### LETICIA HERNÁNDEZ-LINARES (1971)

Escritora galardonada y educadora, ha leído su poesía a lo largo y ancho de los Estados Unidos y en El Salvador. Sus escritos han sido publicados en periódicos, antologías y revistas de literatura. Su C.D. de poesía, *Mucha Muchacha*, obtuvo una subvención de la San Francisco Arts Commission. En la actualidad, con el contínuo aporte de la Arts Commision, escribe su primera obra de teatro, *Mortaja: Death Shroud for the Mission*, con retratos de Prudencia Ayala y La Ciguanaba. Fundó la cooperativa artística *Amate: Women Painting Stories*, y ha trabajando en diversas organizaciones comunitarias durante más de veinte años. Vive, escribe y trabaja en el Distrito de La Misión en San Francisco.

An award-winning writer and educator, she has performed her poetry throughout the United States and in El Salvador. Her writing has appeared in newspapers, anthologies and literary journals. Her poetry C.D., *Mucha Muchacha, Too Much Girl*, was funded by the San Francisco Arts Commission. Currently, with the continued support of the Arts Commision, she is writing her first play, *Mortaja: Death Shroud for the Mission*, which includes portrayals of Prudencia Ayala and La Ciguanaba. She founded the artist collaborative *Amate: Women Painting Stories*, and has spent over twenty years working in community based organizations. She lives, writes, and works in the Mission District of San Francisco.

### LORENA DUARTE (1976)

Salvadoreña-americana, poeta, guionista, dramaturga y autora. Obtuvo su título en lenguas y literaturas romances de la Universidad de Harvard y actualmente vive en Minneapolis, Minnesota. Forma parte de la junta directiva del Loft Literary Center y ha sido finalista del Andrés Montoya Poetry Prize, así como del Loft Mentor Series in Poetry. Mentora en The Lofts Inroads, Duarte también ha recibido dos Jerome Foundation/Many Voices Fellowships de parte del Playwright Center, una beca del Minnesota State Arts Boards y ha representado a Minnesota en el iWPS, (el Individual World Poetry Slam), una competencia de poesía *slam* a nivel mundial, y en el National Poetry Slam.

Salvadoran-American poet, playwright and author. She holds a degree in Romance Languages and Literature from Harvard University and currently lives in Minneapolis, Minnesota where she serves on the Board of Directors of the Loft Literary Center. She has been a finalist for the Andrés Montoya Poetry Prize as well as the Loft's Mentor Series in Poetry and has served as the Loft's Inroads mentor. Duarte has received two Jerome Foundation/ Many Voices Fellowships from the Playwright's Center as well as a grant from the Minnesota State Arts Board and has represented Minnesota at both iWPS (the Individual World Poetry Slam) and the National Poetry Slam.

## Mario Escobar (1978)

Autor de *Gritos Interiores* (Cuzcatlan Press, 2005). Es fundador de Izote Press y cofundador de UCLA IDEAS (Improving Dreams Education Access and Success). Nació en El Salvador y es, como se suele decir, "niño de la guerra" salvadoreña. Llegó a los Estados Unidos con doce años y se crió en Los Ángeles, tanto en el centro sur como en el este de la ciudad; se le concedió el asilo en 2006. Tiene una licenciatura en literatura española y en estudios chicanos de la Universidad de California Los Ángeles (UCLA) y una maestría de la Arizona State

University. Actualmente es doctorando en The University of Maryland College Park. Escobar ha impartido conferencias en diversas universidades, como la Universidad de Santa Bárbara, UCLA, la de Southern California y la Arizona State University; sus conferencias versan sobre el trauma que sufren los niños soldados.

Author of *Gritos Interiores* (Cuzcatlan Press, 2005). He is the founder of Izote Press and co-founder of UCLA IDEAS (Improving Dreams Education Access and Success). Born in El Salvador, he is a child of civil war who came to the United States at age 12 and was raised in South Central and East Los Angeles, attaining asylum in the U.S. in 2006. He holds a BA in Spanish Literature and Chicano Studies from UCLA, a Masters degree from Arizona State University, and is currently a Ph.D candidate at the University of Maryland College Park. Escobar has lectured on the trauma of child soldiers at the University of Santa Barbara, the University of Los Angeles, the University of Southern California, and Arizona State University.

## Elsie Rivas Gómez (1979)

Nació en El Salvador y se crió en la zona de la Bahía de San Francisco. Tiene un M.F.A en escritura creativa de la Universidad estatal de San Diego y su poesía ha sido publicada en *Santa Clara Review, Curbside Review*, y otras revistas. Su libro *Swimming in El Río Sumpul* fue nominado en la edición de 2005 del premio Pushcart. En la actualidad, es profesora de escritura en el Pasadena City College.

Born in El Salvador and raised in the San Francisco Bay Area, she holds a M.F.A. in Creative Writing from San Diego State University and her poetry has appeared in the *Santa Clara Review, Curbside Review*, and other journals. Elsie's collection of poetry, *Swimming in El Rio Sumpul*, was nominated for the 2005 Pushcart Prize. She currently teaches writing at Pasadena City College.

## JAVIER ZAMORA (1990)

Nació en La Herradura, El Salvador. A la edad de nueve años emigró a "los Yunaited Estais". Está asociado a CantoMundo y es el ganador de una beca Breadloaf. Su obra ha sido seleccionada para ser incluida en *Best New Poets 2013*. Zamora ha recibido becas de Frost Place, Napa Valley, Squaw Valley y VONA. Su plaqueta *Nine Immigrant Years*, ganó el concurso Organic Weapons Art, edición 2011. Sus poemas han aparecido en *Connotation Press*, *NewBorder*, *OmniVerse*, *Ploughshares*, *Poet Lore*, entre otras publicaciones

Born in La Herradura, El Salvador. At the age of nine he immigrated to the "Yunaited Estais." He is a Canto-Mundo fellow and a Breadloaf work-study scholarship recipient whose work was selected for inclusion in *Best New Poets 2013*. Zamora has received scholarships from Frost Place, Napa Valley, Squaw Valley, and VONA. His chapbook, *Nine Immigrant Years*, is the winner of the 2011 Organic Weapon Arts Contest. His poems appear or are forthcoming in *Connotation Press*, *NewBorder*, *OmniVerse*, *Ploughshares*, *Poet Lore*, among others.

## TRADUCTORES / *Translators*

---

### KEITH EKISS

Profesor de escritura creativa en la Universidad de Stanford. Ha sido ganador de la Wallace Stegner Fellow. Autor de *Pima Road Notebook* (New Issues Poetry & Prose, 2010)

y traductor, junto a Sonia P. Ticas y Mauricio Espinoza, de *El tránsito de fuego / The Fire's Journey* (Tavern Books, 2013), de la poeta costarricense Eunice Odio. Fue director artístico del Center for the Art of Translation en San Francisco. Es el traductor de los poemas de René Rodas. A Jones Lecturer in Creative Writing at Stanford University and a former Wallace Stegner Fellow. He is the author of *Pima Road Notebook* (New Issues Poetry & Prose, 2010) and translator with Sonia P. Ticas and Mauricio Espinoza of *The Fire's Journey* (Tavern Books, 2013) by the Costa Rican poet Eunice Odio. He is the former Artistic Director of the Center for the Art of Translation in San Francisco. He is the translator of René Rodas' poems.

### Marianne Choquet

Escritora, traductora, editora y conferencista. Tiene una licenciatura en artes de la Universidad de Iowa y una maestría y un doctorado de la Universidad de Barcelona. Posee un certificado de Langue Française de la Universidad de París-Sorbona. Habla inglés, francés y español y traduce del catalán. En julio del 2013, Choquet fue la primera doctoranda en recibir un grado superior en creación literaria de una universidad europea continental. Sus créditos de publicación pertenecen a los campos de la no-ficción, la ficción y la traducción de poesía. Es profesora de humanidades en la Universidad de Wisconsin-Plateville. Es la traductora de los poemas de Elena Salamanca.

Writer, translator, editor, and lecturer. She holds a Bachellor of Arts from the University of Iowa, a Master of Arts and Ph.D. from the University of Barcelona, and a Certificat de Langue Française from the University of Paris-Sorbonne. She speaks English, French, and Spanish, and translates from Catalan. Choquet received the first Ph.D. for creative writing at a continental European university in July 2013. Her publishing credits include non-fiction, fiction and poetry in translation. She teaches in the Humanities at the University of Wisconsin-Platteville. She is the translator of Elena Salamanca's poems.

## MAURICIO ESPINOZA

Nacido en San José, Costa Rica, es poeta, traductor, periodista, y educador. Actualmente reside en Ohio (EE. UU.). Ha publicado un poemario, *Nada más que silencio* (2000), y es co-traductor de *The Fire's Journey* (2013), la traducción al inglés del destacado poemario *El tránsito de fuego* de la autora costarricense Eunice Odio. También ha publicado artículos y capítulos en varios libros sobre literatura, cine y estudios culturales latinoamericanos y latino-estadounidenses. Cursó la maestría y el doctorado en estudios latinoamericanos en la Universidad Estatal de Ohio. Es el traductor de los poemas de José B. González y Lorena Duarte.

Born in San José, Costa Rica, he is a poet, translator, journalist, and educator living in Ohio, USA. He is the author of the poetry collection *Nada más que silencio* (2000) and co-translator of *The Fire's Journey* (2013), a translation of Costa Rican poet Eunice Odio's noted poetry book *El tránsito de fuego*. He has also published journal articles and book chapters on Latin American and Latino/a literature, film, and cultural studies. He holds M.A. and Ph.D. degrees in Latin American studies from The Ohio State University. He is the translator of José B. González's and Lorena Duarte's poems.

## JESSICA RAINEY

Escritora y traductora del Reino Unido, realizó estudios de literatura inglesa y de Asia y África en la Universidad de Sussex. Actualmente está completando una maestría en estudios de traducción en la Universidad de Durham.

Sus escritos han sido publicados en diversas revistas internacionales y su colección de poesía hipertextual, *Endoma*, fue lanzada en 2012. Es cofundadora de Trilengua, una serie de lecturas multilingües, y su traducción más reciente se ha publicado en Red Ceilings Press (2014). Es la traductora de los poemas de Krisma Mancía y Miroslava Rosales.

Writer and translator from the United Kingdom. She studied English Literature and African & Asian Studies at Sussex University and is completing an MA in Translation Studies at Durham University. Her writing has been published in various international journals and an experimental hypertext collection, *Endoma*, was released in 2012. She is co-founder of Trilengua, a multilingual reading series, and her latest translation is being published by Red Ceilings Press (2014). She is the translator of Krisma Mancía's and Miroslava Rosales' poems.

## Sonia Priscila Ticas

Posee un doctorado en lenguas y literaturas románicas de la Universidad de California, Berkeley (2001). Es profesora asociada de español en la Linfield College de Oregón donde imparte clases de lengua, literatura y cultura latinoamericana. Sus publicaciones se detienen en la historia del sufragio femenino de El Salvador, su país natal, y versan sobre procesos culturales y literarios presentes en la poesía femenina de la primera mitad del siglo XX. Es colaboradora en el proyecto de traducción al inglés de la poesía de la costarricense Eunice Odio. Es la traductora de los poemas de William Archila y Mario Escobar.

She received her Ph.D from the University of California at Berkeley (2001) in Romance Languages and Literatures. She is associate professor of Spanish at Linfield College in Oregon. A native of El Salvador, her published work focuses on the history of women's suffrage in the country and the study of literary and cultural processes in Salvadoran's women's literature from the first half of the 20th century. She also collaborates on a translation project of Costa Rican poet, Eunice Odio. She is the translator of William Archila's and Mario Escobar's poems.

## DANIEL BOHNHORST

Candidato para una Maestría en Escritura Creativa en Pacific University. Sus poemas han sido publicados en *Rattle, Modern Haiku* y *Santa Fe Reporter*, mientras que sus traducciones aparecen en la antología *Low Down and Coming On*. Daniel vive en Santa Fe, Nuevo México, donde trabaja reparando violines y colabora con el Teatro Paraguas, una institución bilingüe, en la producción teatral de obras poéticas en español. Es el traductor de los poemas de Roxana Méndez.

An MFA candidate in the graduate writing program at Pacific University. His poems have appeared or are forthcoming in *Rattle, Modern Haiku*, and *Santa Fe Reporter*. His translation work has appeared in the anthology *Low Down and Coming On*. He lives in Santa Fe, New Mexico, where he works in violin repair, and helps to produce staged presentations of Spanish-language poetry at Teatro Paraguas, a bilingual theater. He is the translator of Roxana Méndez's poems.

## EMMA TRELLES

Autora de la plaqueta *Little Spells* (GOSS183, 2008) y *Tropicalia* (University of Notre Dame Press, 2011), ganadora del Andrés Montoya Poetry Prize y finalista de Foreword Review's Poetry Book of the Year. Es editora, escribe sobre temas relacionados al arte y, además, es profesora de escritura creativa, más recientemente en la conferencia de escritores en Sanibel Island. Su obra ha sido publicada en *Best American Poetry 2013*, *PoetsArtists*, *Terrain.org*, *Best of the Net*, *The Rumpus*, el *Miami Herald*, *Newsday*, el *Sun-Sentinel* y otros. En el 2013 recibió un Individual Artist Fellowship de la Florida Division of Cultural Affairs. Es la traductora de los poemas de Susana Reyes y Vladimir Amaya.

Author of the chapbook *Little Spells* (GOSS183, 2008), and *Tropicalia* (University of Notre Dame Press, 2011), winner of the Andres Montoya Poetry Prize and a finalist for ForeWord Reviews' poetry Book of the Year. She is an editor and arts writer, and she teaches creative writing, most recently at the Sanibel Island Writers Conference. Her work has appeared or is forthcoming in *The Best American Poetry 2013*, *PoetsArtists*, *Terrain.org*, *Best of the Net*, *The Rumpus*, the *Miami Herald*, *Newsday*, the *Sun-Sentinel*, and others. In 2013, she was awarded an Individual Artist Fellowship from the Florida Division of Cultural Affairs. She is the translator of Susana Reyes' and Vladimir Amaya's poems.

## BETSABÉ GARCÍA

Licenciada en filología hispánica, es la autora de *Juguen Dames* (Ara Llibres, 2010), la historia novelada de las primeras universitarias y profesionales de España; y de *L'aventura de volar* (Ara Llibres, 2011), historia de la primera aviadora española, Pepa Colomer. Asimismo, es coautora –junto con Jordi Amat– de la biografía del fundador de la ONCE, *Roc Boronat* (Pòrtic, ed.62, 2008). También colaboró durante dos años (2009-2010) con el programa de la memoria histórica del IMEB (Ayuntamiento de Barcelona). En la actualidad, es traductora habitual de la revista *Sin Permiso* y prepara, para el Ayuntamiento de Barcelona, una selección de biografias de mujeres de la ciudad. Es la traductora de los poemas de Leticia Hernández-Linares y Elsie Rivas Gómez.

B.A. in Spanish. She is the author of *Juguen Dames* (Ara Llibres, 2010), a historical novel based on the first Spanish professional women; and *L'aventura de volar* (Ara Llibres, 2011), the story of the first Spanish woman pilot. She also coauthored –with Jordi Amat– the biography of the founder of the Spanish Organization ONCE, *Roc Boronat* (Pòrtic, ed.62, 2008). She collaborated for two years (2009-2010) with the Historical Memory Program of the Barcelona City Council. Currently, she works as a translator for the journal *Sin Permiso*. She is now preparing, for the Barcelona City Council, a selection of biographies of women born in Barcelona. She is the translator of Leticia Hernández-Linares' and Elsie Rivas Gómez's poems.

## KIARA COVARRUBIAS COBIÁN

Estudiante en la Universidad de California Berkeley, donde se especializa en lingüística española/asuntos bilingües y en literatura inglesa. Está elaborando una tesis sobre literatura escrita por inmigrantes indocumentados bajo la supervisión de la profesora Ivonne del Valle para la cual ha recibido el Summer Undergraduate Research Fellowship. Covarrubias trabaja como asistente de investigación en el Culture, Diversity, and Intergroup Relations Lab del departamento de derecho de Berkeley y ha recibido el UCLA Law Fellows Program. A partir de 2014, Covarrubias será profesora en una escuela primaria bilingüe de San Antonio, en el programa Teach for America. Es una de las traductoras de los poemas de Javier Zamora.

An undergraduate student at UC Berkeley specializing in Spanish Linguistics/Bilingual Issues and English Literature. She is conducting an honors thesis regarding literature by undocumented immigrants under the supervision of

Professor Ivonne del Valle for which she received the
Summer Undergraduate Research Fellowship. Covarrubias
works as a research assistant for Berkeley Law's Culture,
Diversity, and Intergroup Relations Lab, and is the recipient
of the UCLA Law Fellows Program. Starting in 2014,
Covarrubias will be a bilingual elementary school teacher
in San Antonio for Teach for America. She is one of the
translators of Javier Zamora's poems.

MARÍA TENORIO
Profesora y correctora de textos, obtuvo una maestría y
un doctorado en Estudios Culturales Latinoamericanos en
la Universidad Estatal de Ohio (EE. UU.). En El Salvador,
se tituló como licenciada en Letras en la Universidad
Centroamericana "José Simeón Cañas" (UCA). Ha publicado
artículos en revistas y periódicos. Su tesis doctoral versó
sobre los inicios del periodismo salvadoreño. Actualmente
es catedrática en la Escuela Superior de Economía y
Negocios (ESEN), confecciona muñecas pintadas y
bordadas, y publica el blog Gineceo.

Professor and proofreader, she holds M.A. and Ph.D.
degrees in Latin American Cultural Studies from The Ohio
State University. In El Salvador, she received her under-
graduate degree from the Universidad Centroamericana
"José Simeón Cañas" (UCA). Her articles have been published
in journals and newspapers. Her Ph.D. dissertation analyzed
the first decades of Salvadoran journalism. She is a full time
professor at the Escuela Superior de Economía y Negocios
(ESEN), makes mixed-media embroidery dolls, and publishes
the blog Gineceo.

## FRANCISCO ARAGÓN

Autor de *Glow of Our Sweat* (Scapegoat Press, 2010) y *Puerta del Sol* (Bilingual Press, 2005), y editor de *The Wind Shifts: New Latino Poetry* (University of Arizona Press, 2007). Su obra ha aparecido en varias antologías, incluyendo *Inventions of Farewell: A Book of Elegies* (W.W. Norton & Company), *American Diaspora: Poetry of Displacement* (University of Iowa Press), *Evensong: Contemporary American Poets on Spirituality* (Bottom Dog Press), and *Deep Travel: Contemporary American Poets Abroad* (Ninebark Press). Sus poemas, traducciones y comentarios han aparecido en publicaciones impresas y digitales tales como *Chain, Crab Orchard Review, Jacket, Mandorla, Pilgrimage, Poetry Daily,* el sitio web de la Poetry Foundation, y *Zócalo Public Square.* Aragón realizó estudios en literatura hispanoamericana en la Universidad de California (UC) en Berkeley y en la Universidad de Nueva York (NYU); además, tiene una maestría en literatura en inglés por la Universidad de California en Davis y otra en escritura creativa de la Universidad de Notre Dame. Originario de San Francisco, California, residió por largo tiempo en España y actualmente vive en el área de Washington D. C., donde dirige el programa literario Letras Latinas, del Institute for Latino Studies en la Universidad de Notre Dame. *http://franciscoaragon.net*

Author of *Glow of Our Sweat* (Scapegoat Press, 2010) and *Puerta del Sol* (Bilingual Press, 2005), as well as the editor of *The Wind Shifts: New Latino Poetry* (University of Arizona Press, 2007). His work has appeared in various anthologies, including, *Inventions of Farewell: A Book of Elegies* (W.W. Norton & Company), *American Diaspora:*

*Poetry of Displacement* (University of Iowa Press), *Evensong: Contemporary American Poets on Spirituality* (Bottom Dog Press), and *Deep Travel: Contemporary American Poets Abroad* (Ninebark Press). His poems, translations and commentary have appeared in various print and web venues, including *Chain, Crab Orchard Review, Jacket, Mandorla, Pilgrimage, Poetry Daily,* the website of the Poetry Foundation, and *Zócalo Public Square.* Aragón holds degrees in Spanish from UC Berkeley and N.Y.U., as well as an MA and MFA in English and creative writing from UC Davis and Notre Dame, respectively. A native of San Francisco, and former long-time resident of Spain, he currently resides in the Washington, D.C. area from where he directs Letras Latinas, the literary program of the Institute for Latino Studies at the University of Notre Dame. *http://franciscoaragon.net*

## Ana Patricia Rodríguez

Profesora asociada del Departamento de Español y Portugués y el Programa de Estudios Latinos de los Estados Unidos en la Universidad de Maryland, College Park. Se recibió de la Universidad de California, Santa Cruz, con un doctorado en literatura. Es la autora de numerosos artículos y del libro *Dividiendo el istmo: Historias, literaturas y culturas centroamericanas transnacionales [Dividing the Isthmus: Central American Transnational Histories, Literatures, and Cultures],* publicado por la Universidad de Texas Press en 2009. También es coeditora (con Linda J. Craft y Astvaldur Astvaldsson) del libro, *De la hamaca al trono y al más allá: Lecturas críticas de la obra de Manlio Argueta* (San Salvador: Universidad Tecnológica, 2013). La profesora Rodríguez se especializa en temas de diáspora, transnacionalismo y pos-trauma en la literatura de los latinos y centroamericanos en los EE.UU. Nació en El Salvador, emigró con sus padres a San Francisco, California, antes de la guerra civil, y ahora reside en Washington, D.C.

Associate Professor in the Department of Spanish and Portuguese and the U.S. Latina/o Studies Program at the University of Maryland, College Park, where she teaches classes on Latin American, Central American, and U.S. Latina/o literatures and cultures. She received an M.A. and Ph.D. in Literature from the University of California, Santa Cruz. Her research interests include Central American and Latina/o cultural production, transnational cultural studies, diaspora studies, and post/war/trauma studies. She has published widely on the cultural production of Latinas/os in the United States and Central Americans in the isthmus and the wider Central American diaspora. She is the author of *Dividing the Isthmus: Central American Transnational Histories, Literatures, and Cultures* (University of Texas Press, 2009) and co-editor (with Linda J. Craft and Astvaldur Astvaldsson) of *De la hamaca al trono y al más allá: Lecturas críticas de la obra de Manlio Argueta* (San Salvador: Universidad Tecnológica, 2013).

Editoras / *Editors*

---

ALEXANDRA LYTTON REGALADO

Autora de *Mesas y escenas de El Salvador* (2001), *El sol aún sonríe: Imágenes de los terremotos del 2001* (2001) y *Las Islas de la Bahía de Honduras* (2002). Sus poemas han sido publicados en *Narrative, OCHO, Gulf Stream, Tigertail: A South Florida Poetry Annual*, y otros. Su manuscrito de poesía, *Nixtamalero*, fue finalista del premio Stan and Tom Wick y su colección de poemas *La Lotería* ganó mención honorífica en el concurso del Center for Book Arts (edición 2013). Obtuvo una maestría en escritura creativa (poesía) de la Florida International University y está por completar otra maestría en escritura de ficción en la Pacific University. Alexandra es co-fundadora de Kalina; ha editado y traducido varios libros sobre Centroamérica, incluyendo *La Gloria* (2006), *Café de El Salvador* (2007) y *Eran mares los cañales* (2009). Ha sido la traductora de los poemas de Otoniel Guevara y Jorge Galán, y ha colaborado en la traducción de los poemas de René Rodas.

Author of *Salvadoran Settings* (2001), *The Sun Still Shines: Images from the 2001 Earthquakes* (2001), and *The Bay Islands of Honduras* (2002). Her poetry has appeared in *Narrative, OCHO, Gulf Stream, Tigertail: A South Florida Poetry Annual*, and others. Her manuscript, *Nixtamalero*, was runner-up for the Stan and Tom Wick Prize and her chapbook, *La Lotería*, won Honorable Mention in the 2013 Center for Book Arts Competition. She holds an MFA in poetry from Florida International University and is currently seeking an MFA in fiction at Pacific University. Alexandra is co-founder of Kalina; she has edited and translated several Central American themed books including *La Gloria* (2006), *Café de El Salvador* (2007), and *Eran mares los cañales* (2009). She is the translator of Otoniel Guevara's y Jorge Galán's poems and she also collaborated in the translation of René Rodas' poetry.

### TANIA PLEITEZ VELA

Doctora en Filología Hispánica por la Universidad de Barcelona donde ha sido investigadora en la Unidad de Estudios Biográficos. Miembro del equipo de investigación que editó los cuatro volúmenes de la antología *La vida*

*escrita por las mujeres* (Barcelona, Lumen, 2004). Autora de numerosos artículos y ensayos literarios así como de la biografía *Alfonsina Storni. Mi casa es el mar* (Madrid, Espasa-Calpe, 2003), *"Debajo estoy yo". Formas de la autorrepresentación femenina en la poesía hispanoamericana* (1894-1954) (Tesis doctorales en red, Universitat de Barcelona, 2009) y del estudio *Literatura. Análisis de situación de la expresión artística en El Salvador* (San Salvador, AccesArte, 2012). Es colaboradora de la Academia Norteamericana de la Lengua Española (ANLE) y miembro de la Red Europea de Investigaciones sobre Centroamérica (RedISCA).
*http://taniapleitez.com*

Ph.D in Spanish Philology from the University of Barcelona, where she has been a researcher in the Biographical Studies Department (Unidad de Estudios Biográficos). Member of the research team that edited the four-volume anthology, *La vida escrita por las mujeres* (Barcelona, Lumen, 2004). She has published numerous articles and essays and is the author of the biography *Alfonsina Storni. Mi casa es el mar* (Madrid, Espasa-Calpe, 2003), *"Debajo estoy yo". Formas de la autorrepresentación femenina en la poesía hispanoamericana* (1894-1954) (Tesis doctorales en red, Universitat de Barcelona, 2009), and the study *Literatura. Análisis de situación de la expresión artística en El Salvador* (San Salvador, AccesArte, 2012). She is a collaborator at the Academia Norteamericana de la Lengua Española (ANLE) and a member of the European Network for Central American Studies (RedISCA).
*http://taniapleitez.com*

Lucía de Sola

Es salvadoreña, pero vivió más de dieciocho años en Estados Unidos. Estudió historia y literatura moderna y se graduó de Harvard University en 1999. Al regresar a El Salvador, trabajó en el Ministerio de Educación y después en el área de mercadeo de Inversiones Bolívar, una compañía inmobiliaria. Lucía obtuvo una maestría en administración de empresas de la Pontificia Universidad Católica de Chile y otra en escritura creativa de la Pacific University. En 2006 cofundó Editorial Kalina y ha co-editado los libros *Café de El Salvador* (2007) y *Eran mares los cañales* (2009). En estos momentos, Lucía se encuentra editando dos libros que serán publicados en 2014: *Ingenio El Ángel: 130 años cultivando desarrollo* y *Ernesto de Sola: arquitecto* (Editorial Kalina). Ha colaborado en la traducción de los poemas de René Rodas.

Lucía is salvadoran, yet she lived more than eighteen years in the United States. She studied Modern European History and Literature and graduated from Harvard University in 1999. When she returned to El Salvador, Lucía worked in the Ministry of Education and later as Marketing Director in Inversiones Bolívar, a real-estate company. She also earned a Master's Degree in Business Administration from Pontificia Universidad Católica de Chile and studied at Pacific University for a Master's Degree in Creative Writing. In 2006, she co-founded Editorial Kalina. Lucía co-edited *Café de El Salvador* (Editorial Kalina, 2007) and *Eran mares los cañales* (Editorial Kalina, 2009). She is currently editing the forthcoming books *Ingenio El Ángel: 130 años cultivando desarrollo* (Editorial Kalina) and *Ernesto de Sola: arquitecto* (Editorial Kalina). She collaborated in the translation of René Rodas' poetry.

Sobre los poemas / *About the Poems*

---

### René Rodas

"Señas de identidad", "Hija de demiurgo". Poemas de Montréal. San Salvador: Editorial Delgado, 2010. "El camino". *Isador en el desierto.* Manuscrito inédito (unpublished manuscipt).

### Otoniel Guevara

"Ciudad", "Señal". *No apto para turistas.* San Salvador: Libros Metáfora, 2004; Monterrey: Regia Cartonera, 2010. "Discurso final en tono crepitante". Poema inédito (unpublished poem).

### Susana Reyes

"Sobreviviente del silencio", "Postales urbanas". *Historia de los espejos.* San Salvador: Dirección de Publicaciones e Impresos, 2004. "Álbum de niñas con abuela (fragmento)". *Los solitarios amamos las ciudades.* San Salvador: Índole editores, 2013.

### Jorge Galán

"Race Horse", "El juego". *El estanque colmado.* Madrid: Colección Visor de Poesía, 2010.

### Roxana Méndez

"En el márgen del cielo", "Paseo". *El cielo en la ventana.* Granada: Editorial Valparaíso, 2012.

### Krisma Mancía

Fragmentos. *Fobiápolis.* Manuscrito inédito. Fragments. *Phobiapolis.* Unpublished manuscript.

## Elena Salamanca

"Sobre el mito de Santa Tecla", "Bodegón con Sor Juana", "Sor Juana vomita la cena". *Peces en la boca*. San Salvador: Editorial Universitaria, 2011.

## Vladimir Amaya

"La mínima prenda con que duermes". *Agua inhóspita*. San Salvador: Centro Cultural de España de El Salvador, Colección Revuelta, 2010. "Déjà vu en una ciudad tan pequeña". *La ceremonia de estar solo*. San Salvador: Leyes de Fuga Ediciones, 2013. "No soy la sed". *Roedores: poemas feos por felices*. Manuscrito inédito (unpublished manuscript).

## Miroslava Rosales

"pájaro de carbón en lata", "Esta ciudad es tan pequeña". *Big Sur* (N° 37, agosto 2012). *(www.big-sur.com.ar)* "*allegro vivace*". Poema inédito (unpublished poem).

## Quique Áviles

"My Tongue is Divided into Two". *The Immigrant Museum*. Mexico D.F.: Raíces de Papel, 2003. "Habitación sin retoques". *Al pie de la Casa Blanca. Poetas hispanos de Washington, DC*. Luis Alberto Ambroggio & Carlos Parada Ayala (eds.). Nueva York: Academia Norteamericana de la Lengua Española, 2010.

## José B. González

"Sociology 101: Essay on Illegal Immigration". *The Teacher's Voice* (2:1 Spring 2006). "Scene from *Los olvidados*." Unpublished poem (poema inédito).

"Will not be (forgotten) children. Scene with Dolores del Río." Unpublished poem (poema inédito).

**WILLIAM ARCHILA**

"The decade the country became known throughout the world," "Duke Ellington, Santa Ana, El Salvador, 1974," "Immigration Blues, 1980." *The Art of Exile*. Tempe, Arizona: Bilingual Press/Editorial Bilingüe (Canto Cosas), 2009. "Clandestine Territory." To be published in *The Gravedigger's Archaeology*. Los Angeles: Red Hen Press, 2015.

**GABRIELA POMA TRAYNOR**

"miyamidosaeme." Unpublished poem (poema inédito).

**LETICIA HERNÁNDEZ-LINARES**

"La Pelona (Desnuda, A la interperie, No-femenina, Calva, Calva, Calva)". Este poema es una versión revisada. La primera versión apareció bajo el título de "La Pelona Blues, Bald Woman, Hairless, Frida Kahlo's Idea of Death, Unfeminine, Bald Bald Bald Bald", en *Razor Edges of My Tongue* (San Diego: Calaca Press, 2002). El poema se basa en algunos de los personajes históricos mencionados en *When Jesus Came, the Corn Mothers Went Away* (Stanford University Press, 1991), de Ramón Gutiérrez.

"La Pelona (Bare, Uncovered, Unfeminine, Bald, Bald, Bald)." This poem is a revised version of "La Pelona Blues, Bald Woman, Hairless, Frida Kahlo's Idea of Death, Unfeminine, Bald Bald Bald Bald" published in *Razor Edges of My Tongue* (San Diego: Calaca Press, 2002). It was inspired by some of the historical characters mentioned in Ramón Gutiérrez's *When Jesus Came, the Corn Mothers Went Away* (Stanford University Press, 1991).

"You are Here." *Chicana/Latina Studies, The Journal of Mujeres Activas en Letras y Cambio Social* (13:1 Fall 2013).

**LORENA DUARTE**

"Flint Tongue." *Chicana/Latina Studies, The Journal of Mujeres Activas en Letras y Cambio Social* (7:2 Spring 2008). "Of Socks and Sandwiches." Unpublished poem (poema inédito).

**MARIO ESCOBAR**

"Postwar Syndrome." *Beltway Poetry Quarterly* (13:2 Spring 2012).

**ELSIE RIVAS GÓMEZ**

"Las mujeres," "The Stations." *Swimming in El Río Sumpul.* Georgetown, Kentucky: Finishing Line Press, 2005.

**JAVIER ZAMORA**

"Immigrating is Loving Two Women." *NewBorder* (December 27th, 2012). *(http://newborder.org)* "Phone Calls," "Estero de Jaltepec Means Sand Place." Unpublished poems (poemas inéditos).

# RECONOCIMIENTOS / *Acknowledgements*

DE PARTE DE TANIA PLEITEZ VELA: Agradezco a
todos los poetas y traductores que participaron en
este proyecto, por su tiempo, talento y profesionalidad.
Gracias también a Dave Foxall por revisar textos y a
D.A. y a mi familia por su apoyo incondicional. A Alex
y Lucía por brindarme esta maravillosa oportunidad.

FROM ALEXANDRA REGALADO: Special thanks
to Tomás Regalado, Violeta Ávila de Lytton,
and Adrianna Lytton Álvarez for your support;
Campbell McGrath, Eduardo C.Corral, Sandra Alcosser,
and Dorianne Laux for your recommendations.
Thanks, as well, to Tania for your dedication and
professionalism. And big hugs for Lucía, because
finally, seven years later, we did what we
dreamed we could do.

DE PARTE DE LUCÍA DE SOLA: Agradezco a Alex
y Tania; a los poetas y los traductores; a Javier,
Marco y Elena por inspirarme y apoyarme.
Agradezco también a mi mamá por guardar
mis poemas desde pequeña, fomentando
siempre mi amor por leer y escribir.